创新模式十二宫

后互联网时代
企业创新升级路线图

张雷 ◎ 著

图书在版编目（CIP）数据

创新模式十二宫：后互联网时代企业创新升级路线图 / 张雷著 . —北京：机械工业出版社，2019.1

ISBN 978-7-111-61379-4

Ⅰ. 创… Ⅱ. 张… Ⅲ. 企业创新 - 研究 Ⅳ. F273.1

中国版本图书馆 CIP 数据核字（2018）第 253481 号

本书是一整套方法论，以商业画布的形式展现后互联网时代企业创新转型升级的路线图，帮助读者理清：产业价值链是如何展开的、中国商业模式的定位和本质、产业创新的需求来源、产业创新的主要驱动力（科技与市场进步）、产业创新的五步法、产业创新所需要的资本方法。

创新模式十二宫：后互联网时代企业创新升级路线图

出版发行：机械工业出版社（北京市西城区百万庄大街 22 号　邮政编码：100037）	
责任编辑：董凤凤　　邵淑君	责任校对：李秋荣
印　　刷：中国电影出版社印刷厂	版　　次：2019 年 1 月第 1 版第 1 次印刷
开　　本：240mm×186mm　1/16	印　　张：20.75
书　　号：ISBN 978-7-111-61379-4	定　　价：99.00 元

凡购本书，如有缺页、倒页、脱页，由本社发行部调换

客服热线：（010）68995261　88361066　　　投稿热线：（010）88379007

购书热线：（010）68326294　88379649　68995259　　读者信箱：hzjg@hzbook.com

版权所有·侵权必究
封底无防伪标均为盗版
本书法律顾问：北京大成律师事务所　韩光 / 邹晓东

作者简介
ABOUT THE AUTHOR

张雷
创业邦合伙人
趋势学院执行院长

专业领域：产业升级与商业模式创新、先进技术的创新

清华大学汽车系学士、硕士，德国亚琛工业大学（RWTH Aachen）硕士（Master of Science）。

创业邦（中国最权威的创业创投平台）孵化教育合伙人，每年孵化培育近300名高科技创始人，并参与投资。主要投资方向为在人工智能领域推动传统企业改造（产业互联网）、新零售业等；推动多家A股上市公司进行投资布局，以及C轮以后帮助创业公司实现生态式增长。

长期担任多家知名企业与世界500强企业顾问，专注于如何帮助企业实现高价值快速创新增长，独创"产业创新""AI的产业应用"方法论，为创业+产业双料导师和中组部、清华大学继续教育学院特聘专家，主讲"商业模式""创新"主题的课程。

原为凯洛格合伙人，与哈佛商学院合作引入并创立《哈佛商学在线》中文版，并担任其"创新中心"带头人，有10年从事创新领域的实践经验，其中8年为大型国有企业、500强跨国公司提供帮助，后来到创业邦，为创业者提供咨询和投融资对接服务。可谓横跨传统企业与互联网公司、跨职业经理人与创业者的跨界创新专家。

辅导企业或平台如：GE医疗、大众、奥迪、施耐德电器、中国移动、中国银联、太平洋保险、东方航空、葛兰素史克、淘宝、支付宝、腾讯、百度、携程、车云金服、神州鹰、51信用卡等。

前言
PREFACE

后互联网时代，创新向何处去

大公司 to 领导的"伪创新" | 中公司 to 广告的"伪创新" | 小公司 to VC的"伪创新" —— 都已无法生存

2016~2017年是一个分水岭，中国的商业在明显的瓶颈中需要有所突破，下一个10年的机会在哪里？在此之前，与互联网和移动互联网行业的火热形成鲜明对比的，是传统行业、实体经济的冷寂。

然而，走入2017年，互联网本身的红利已消耗殆尽，互联网的创新创业窗口逐渐收窄，资本进入所谓的"寒冬"。而实体经济依然在寻找突破点，诸多产业人士和企业家仍然在叹息，市场需求不振，各种成本上涨。可见，从互联网到实体经济，两条线都在临界点上，迫切需要在危机中寻求转机。

创新，是多么令人神往的词汇，是我们每个人、企业乃至国家所推崇备至的理想，甚至已经上升到国策的高度。创新似乎是一剂万能的良药，是缔造独角兽神话的引擎，是传统行业重回巅峰的抓手，是500强公司延续青春的希望，是千万年轻人实现抱负的星星之火。

创新之于今天，是非常特殊而又有意义的。今天，创新比20年前、10年前更加紧迫而又不可或缺，但相比于两三年前，又更加理性而实在。我们今天需要的是——真创新。真创新，回归商业的本质，立足于产业价值链，属于真正能够创造价值并取得经济回报的企业。

如果你有以下痛点，应该阅读此书

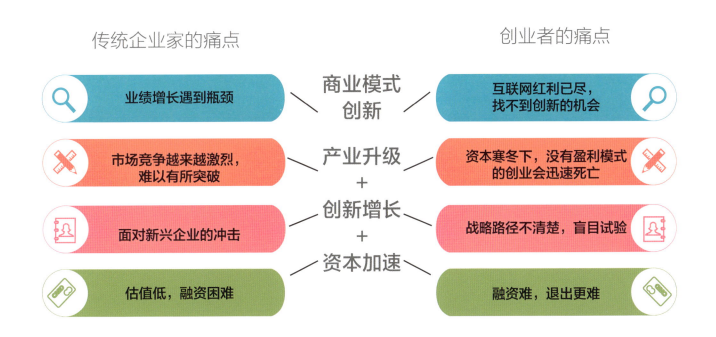

企业做创新的典型挑战
方向不清、创意不行、组织不力、人才不足

面对未来,只有创新才有增长。在新时代下,这是不争的事实和广泛的共识。然而,创新并不容易,也不能用传统的企业经营管理来解决。有的企业看不见发展趋势,错过创新的机会,而后追悔莫及;有的企业盲目跟风,在只有第一、第二的跑道上,只能做"老十";有的企业自我感觉良好,后来才发现做着一开始就注定失败的"伪创新"……

创新者的疑问

第一,创新战略方向上的迷惑,或封闭落后,或盲目跟风。不少企业迷茫甚至恐惧于快速变化的环境、众说纷纭的"风口"、新型独角兽的冲击。在商业模式的变换中,到底什么在变、什么不变,创新的价值衡量如何来判断。同时,那些令人眼花缭乱的新玩法——免费、补贴、共享、生态,到底是怎么回事,我们如何应对,我们能不能用。

第二,创新来源的枯竭。创新到底从哪里来,如何得到创新的创意,而这些是不是成立的需求。很多人相信创新是偶然或意外之事,突然脑中的"灯泡"一亮,好主意就有了,而善于创新的人的"灯泡"特别好用,但真的是这样吗?很多企业一方面呼吁要有颠覆性的创新,另一方面却要求提出创新的人提交充足的"最佳实践"来证明可行性,这不是自相矛盾吗?

第三,组织和人才的缺失。事在人为,创新的实现,要依靠人才,如何识别、找到、使用和激励这些创新型人才是关键。尤其对大企业而言,创新缺乏开创性的人才和组织团队,因为职业经理人绝大多数并不是开创型人才,他们善于守成,但不善于创新。如何找到最优秀的创新型人才,就成为一切创新中最重要的事情。同时,如何让创新型人才进行创新,也是重中之重。这些人自己创业自然有最强的冲劲,但资源必然不足;如果进入大企业平台,难免丧失动力,陷入打工心态。我们该怎么做呢?

靠谱的创新书籍

在互联网+已经被说滥的今天,大家发现,盲目互联网化不是出路。我们急需对下一个阶段——产业升级、价值创新——的方法和案例进行填补。传统行业需要它来帮助做产业创新升级;创业者需要它来帮助梳理出切实可行的模式(避免不靠谱的烧钱和to VC泡沫)……

本书是一整套方法论,帮助读者理清:产业价值链如何展开、中国商业模式的定位和本质、产业创新的需求来源、产业创新的主要驱动力(科技与市场进步)、产业创新的5步法、产业创新所需要的资本方法。

第1章,"价值地图:一切创新的基础"通过一张"产业地图"概括了两大产业(to B 和 to C)、四大产业价值链、六大价值定位,并将现有市场上的企业商业模式划分成12种基础模式。

第2章,"商业模式创新十二宫",通过一张图看懂当今主流的商业模式,涉及12种商业模式与其经典案例,包括小米模式、腾讯模式、摩拜单车模式、名创优品模式、京东模式、瓜子二手车模式、滴滴模式、华为模式、阿里云模式、百度模式、分众传媒模式、找钢网模式。

第3章,"价值:创新的需求来源",解决创新从哪里来,以及创新的价值如何判断的问题,具体呈现了如何衡量创新对客户的价值,涉及21项检测工具,实操性很强。

第4章,"趋势:颠覆式创新从何而来",讲述了创新的颠覆性元素和驱动力来自大趋势的引领。而引领创新的大趋势,主要在于科技发展趋势和客户发展趋势。本章将讲述科技是如何改变商业的大逻辑的,并据此对未来的科技应用趋势进行解读。

第5章,"方法:企业创新5+2步法",讲述了创新到底应该如何做。在新时代下,创新必须基于产业升级、趋势发展、市场价值。这里就展示了创新的操作方法论(产业创新5+2步法),它是贯穿前面几章内容的可操作性(流程性)的方法。

第6章,"资本:助推创新的力量",提到当前的创新无不有资本的助推,产业+创新+资本是未来创新的必然组合。对于创业者而言,必须有产融结合、有节奏地融资的能力。大企业创新,也必须具有创新+转型+投资的组合思维。企业风险投资(CVC)是重要的创新布局生态的工具,也是本章重点内容之一。

最有意义的总结：12种创新模式

创新价值定位，两大产业，12种商业模式

商业模式创新，表面上纷繁复杂，但成与不成不在于你是否用了BAT的模式、张小龙的方法、雷军的风口理论，而在于商业价值本质，在于产业价值链中是否实现了价值提升。

基于商业本质的价值定位，中国的商业模式可以归结为12种类型。可以说，互联网时代的商业模式基本上就这12种，请挑选并组合使用。

每一种商业模式都在产业中有典型的定位，也代表了一批这样运作的企业。每一种商业模式也好像积木一样，可以拼装成更加复杂的商业模式组合。在很多大型企业或集团中，不同业务单元属于不同的商业模式，它们可以相互独立，也可以协作甚至是形成生态系统。为了便于大家理解，这里用每种商业模式的典型代表来说明各种商业模式。

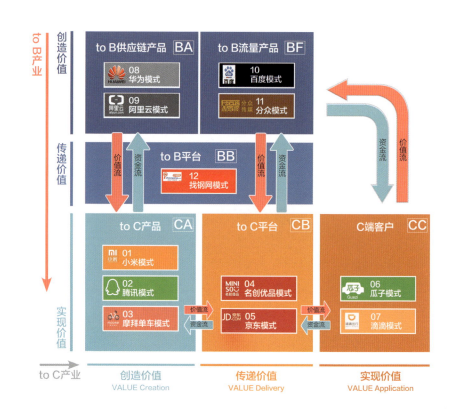

最有意思的发现：创新模式十二宫

企业有星座，组织有性格

为了让这12种商业模式便于记忆，我找了12家中国企业作为代表，并对应了黄道十二宫（也就是十二星座）。

我们是如何进行对应的呢？按照企业成立的年月或者企业创始人的生日所属的星座。命名了星座之后，我有了有趣的发现。不知道是巧合还是星座的"神力"，这些企业的公司特征、产品特征、组织特征，都与其所属星座的共性特征很吻合。

比如，分众传媒的创始人江南春是双鱼座，尽显文人气息和浪漫情怀。但从分众传媒的成立时间来看，分众传媒是金牛座，很稳、不跟风，抓住本质与不变的价值，闷声发大财。

企业	模式	宫(星座)	企业特征	星座特征
小米	01	白羊座	热情似火雷布斯，专为发烧而生	性格热情，做事冲动，为人慷慨，做事有着坚持到底的持久恒心
摩拜单车	03	金牛座	成立后踏踏实实做了一年产品，虽然在风口，但一直追求科技和质量	性格平稳，有毅力和耐力，勤劳智慧，富有实干精神
滴滴	07	双子座	永久具有好奇心和创意，迎接内外部世界的变化	无拘无束，充满好奇心，兴趣广泛并愿承担传播、普及信息的使命
名创优品	04	巨蟹座	进行真挚、细腻的零售，当大众的顾家好闺蜜	谦虚、谨慎、头脑冷静、细腻、真诚、忠心、富有组织才能
瓜子	06	狮子座	绝不认输，永不言败，大方而外露地开拓	胆识过人，为人襟怀坦荡，宽宏大量，热情洋溢。
阿里巴巴	09	处女座	永远保持谦虚和谨慎，永远保持敏锐和危机感，永不放弃	效率冠军、一丝不苟、井井有条，坚持追求自己的完美主义
找钢网	12	天秤座	具备平衡和洞察力，做产业中的价值革新者	追求和平、和谐的感觉，他们善于交谈，沟通能力极强
华为	08	天蝎座	"狼性"一词就足以说明	精力旺盛、热情、占有欲极强。他们想要每天都过得非常充实
腾讯	02	射手座	对挑战保持乐观，追求改变世界，对用户体验细致入微，又开放生态	乐观、诚实、喜欢挑战，对细枝末节明察秋毫，又具有豁达的包容力
百度	10	摩羯座	做好一件事情——搜索，现在要做第二件事——AI	最有耐心，为事最小心，也最善良，他们做事脚踏实地，也比较固执
京东	05	水瓶座	独立而反叛，做着让人看不懂的创新	兴趣广泛，创意十足，好奇心强，有前瞻性，叛逆而独立
分众传媒	11	双鱼座	直觉、想象力、创造力，一个奇思妙想成就了一家上市公司	具有想象力、善解人意、直觉力强、懂得包容、温和有礼

目录
CONTENTS

01 价值地图：一切创新的基础 / 1

一张"产业地图"概括了两大产业（to B和to C）、四大产业价值链、六大价值定位，并将现有市场上的企业商业模式划分成12种基础模式。这是后互联网时代，也就是产业升级时代的创新基础。

02 商业模式创新十二宫 / 51

一张图看懂当今主流商业模式，创新模式十二宫与其经典案例全掌握——小米模式、腾讯模式、摩拜单车模式、名创优品模式、京东模式、瓜子二手车模式、滴滴模式、华为模式、阿里云模式、百度模式、分众传媒模式、找钢网模式，解读这12种商业模式的标杆企业是如何成功的。

03 价值：创新的需求 / 127

如何判断客户需求，如何衡量创新对客户的价值，四大价值即成本、功能价值、体验价值和情感价值，涉及21项检测工具，实操性很强。

04 趋势：颠覆式创新从何而来 / 153

引领创新的大趋势，主要在于科技发展趋势和客户发展趋势。科技与客户的结合，使得科技商业化并取得颠覆式创新的空间。

05 方法：企业创新5+2步法 / 191

创新到底应该如何做？在新时代下，创新必须基于产业升级、趋势发展、市场价值。这里就展示了创新的操作方法论（产业创新5+2步法），是贯穿前面几章内容的可操作性（流程性）的方法。如果你以为小米主要会做产品、淘宝主要会做电商平台，那就错了，它们都善于判断趋势、分析产业、洞察用户、定位未来价值、人才建设、整合资源，都具有强执行力，这是一套系统。

06 资本：助推创新的力量 / 257

产业+创新+资本是未来创新的必然组合。对于创业者而言，必须有产融结合、有节奏地融资的能力。大企业创新，也必须具有创新+转型+投资的组合思维。企业风险投资（CVC）是重要的创新布局生态的工具，也是本章重点内容之一。

01

价值地图：一切创新的基础

INDUSTRIAL MAP BASED ON VALUE CHAIN AND FUND FLOW

企业创新的本质是增值！

我们正处于一个工业革命的时代，中国经济逐渐从一个野蛮而高速增长的时代，进入一个新的时代、新的常态。新的常态会对原来中国商业的格局和玩家进行重组洗牌。作为企业家或企业经营者，我们必须重新审视这个时代，审视我们自己。

在新常态下，如果你在商业世界中有一席之地，你必然属于下面三种力量中的一种。我们可以用三种动物很形象地代表这三种力量。

大象	领头羊	独角兽
大型国有企业或外资企业	**各行业或各地区领先的民营企业**	**创业公司**
央企国企、跨国巨头、集团公司，它们体量庞大、人数众多、发展成熟、层级部门分支机构较多。在新常态下，很多大象型的企业也在追求创新、转型，希望成为"能跳舞的大象"。	在不同行业、不同细分领域、不同地区都活跃着很多优秀的民营企业，它们是上一个时代的成功者。与大象相比，领头羊更像是"中型"企业。在新常态下，如何保持成功，成为它们的新课题。	在"双创"大势下，越来越多的优秀人才创办自己的公司，他们大多从事与互联网、高科技相关的行业，已经拥有10亿美元市值的公司被誉为"独角兽"。其他创业者纷纷在奔向独角兽的路上。

旧有的红利不再，创新成为必然

大象：大型企业的模仿红利结束

在移动互联网爆发之前，中国经济当中的主力——大型企业（大型国有企业、跨国500强公司、大型民营企业）的发展，归根结底是靠模仿外国的领先企业来实现的。这段时间长达30年。

在2013年之前，工商管理界几乎所有的概念、模型、方法论，均出自西方，要么来自哈佛、沃顿等商学院，要么来自麦肯锡、BCG等咨询公司。那些二十几岁的MBA和名校毕业生，作为咨询顾问能够在中石油、中移动等国字号巨头的办公室里纵横驰骋，依靠的就是背后正宗的西方经典方法论和最佳实践。中国的诸多大型企业，在西方先进理念和方法的指引下，努力将自己打造成中国的通用电气、宝洁、IBM及丰田。

这些企业利用国外巨头积累了几十年甚至上百年的方法，加上自身模仿的聪明劲儿，其模仿很快展现出效果。30年的"拿来主义"，换来了中国大型企业的成功，也给中国带来了繁荣。在这样的背景下，中国的大型企业其实不需要自主创新，甚至不需要创新。

但是，随着2013年移动互联网的爆发，中国与西方被拉到了同一起跑线上。中国的公司突然发现，在新领域中西方已经没有可以"拿来"的先进经验了。外企在中国已经不像以前那么高高在上。大家嘴里提到的那些标杆，越来越少提及通用电气、丰田，而越来越多地谈论百度、阿里、腾讯。

至此，对西方的模仿红利结束，中国企业需要更多地实现自己的创新。

领头羊：中型企业的人口红利结束

中型企业未必像大型企业那样立足于全国市场，它们活跃在中国各个省份，具有自己的经营阵地和积累。它们包括部分A股上市公司、中小板公司、创业板公司、新三板挂牌公司，还包括大量自给自足的民营企业。

中型企业未必有掌控全国市场的野心，也不一定需要一整套科学的管理系统，但这些企业和它们的掌舵人都有着共同的特点——能够把握商机。而这些商机的根源在于中国的人口红利。这一红利也持续了长达30年。

由于中国的起点低，劳动力廉价，于是催生了中国制造业的优势和外贸的繁荣。人们生活需求的提升和人口城市化，催生了房地产和服务业的快速增长。就这两项人口红利，便造就了大量的中国民营企业家。

然而，高增长的人口红利已经结束。这也是令当前很多传统企业家头疼的问题，原来仅靠粗放式发展就能得到的增长已经停止，高涨的人工成本更是挤压着经营收益，靠纯商业嗅觉、市场运作、传统经营就能过好日子的阶段一去不复返了。

独角兽（创业者）：互联网和泡沫红利结束

大众创业，万众创新。多么有魅力的一句话，这也说明从政府层面已经看到了中国经济发展的最大引擎——创新创业。只有如此，才能从结构上改善中国经济，从而打破经济饱和的困境。

"上有所好，下必甚焉"。这导致了2014年和2015年的创业大风潮，每个人都想成为那风口上的"猪"。雷同的项目数以百计甚至千计地出现，大多却仍能拿到投资。当然，也不时会有百团大战、直播大战等扎堆的情况出现。创业项目估值达到历史最高点，融资过程早已突破早年的A、B、C轮，仅A轮阶段就有了pre-A、A、A+、A++。

然而，一切不符合常识的泡沫，终将有破的时候。对于当初大家争抢的O2O概念，如今，投资人已是谈虎色变、争相避让。很多狂人的"颠覆者"，并没有颠覆别人，自己却死掉了。

现如今，创业已经基本退烧，回归它应有的理性。悲观者所称的"资本寒冬"也不成立，只不过相对于前两年的过热，确有冷却而已。

从事后统计来看，创业市场真正造就的财富，只集中在少数有主见和创新能力的创业公司。同时，真正取得大倍数回报的创投基金，也仅是众多创投基金中很少的一部分，大部分跟风者都成了炮灰。

增值的基础是产业价值链

有用！基于产业的商业模式创新

回归商业本质的价值链挖掘

商业模式是每家企业都必须考虑的事情，向谁学呢？最常见的办法就是找"创新之星"般的企业作为模板，它们是企业界的明星。BAT自然是众多企业学习的对象，但是盲目崇拜的结果必然是没什么实际用处。为什么呢？因为，你能复制它们的做法，但你无法复制它们的产业和市场条件。而它们之所以成功，其创新的关键就在于它们的做法完全是针对其产业规律和市场需求的。

创新的定义可以很质朴和简单——找准新机会，把事情做成，赢取新的客户认知价值。牵引创新的是客户认知价值，而实现价值的方式组合，构成了商业模式。

无论是商业模式还是创新，都要看清其本质——价值，这个价值是由外而内的，也就是市场验证的客户认知价值。价值的流动是基于产业的，因此，商业模式创新的基础是产业价值链。

商业模式的本质是价值流和资金流的流动

价值流与资金流的流动是一切商业模式的本质，企业为下游创造价值，并获取资金，这就是商业模式的本质，也是基本的商业常识。一切反常识的玩法，必然不会长久，但可以是一种短期的应用手段。

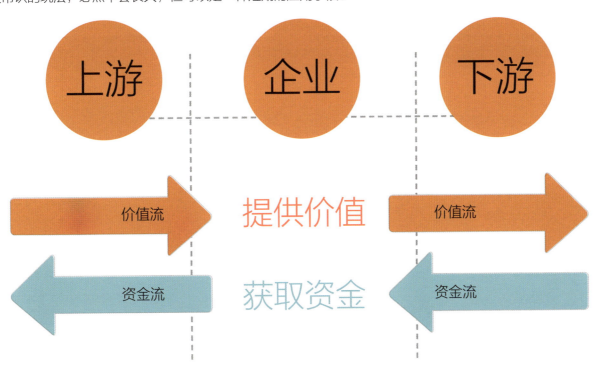

| 价值链 VALUE Chain | 创造价值 VALUE Creation | 传递价值 VALUE Delivery | 实现价值 VALUE Application |

产品 Product ⇄ 平台 Platform ⇄ 客户 Customer

（价值流 / 资金流）

企业类型：产品型企业
产业链定位：创造价值

在产业价值链上，有一类企业以生产产品为主业，它们通过工作将价值赋予到产品上，从而能够使客户利用这种价值。

例如：宝洁公司、可口可乐公司、上海通用汽车。

企业类型：平台型企业
产业链定位：传递价值

在产业价值链上，另一类企业以流通和交易为主业，它们通过工作将上游产品型企业的产品，传递给下游的客户，从而传递了价值。

例如：苏宁、沃尔玛。

客户：消费者
产业链定位：实现价值

最终，消费者购买产品，并在使用中实现了价值。

to C

面向个人客户
提供价值，
向个人收取资金回报

to B

面向企业客户
提供价值，
向企业收取资金回报

产业

看懂商业模式就要从产业价值链出发，搞清楚价值流和资金流的流向，以及如何做到增值和增资。但是to B市场与to C市场是不同的，不能用同一套价值链来代表。

to C产业的价值地图（7种商业模式）

价值定位CA：to C产业中的产品业态

价值定位CA

在to C产业链中，第一个价值定位的业态，即产品业态，是to C产业链中创造价值的部分。

做to C产品的企业，根据所生产的产品形态，可以分成实体产品和虚拟产品两种模式。

而根据商业价值向下传递的模式，可以分成销售产品和出租产品两种。

因此，在to C产品的价值定位中，有三种典型的商业模式，即

01. 实体产品
02. 虚拟产品
03. 出租产品

价值定位CB：to C产业中的平台业态

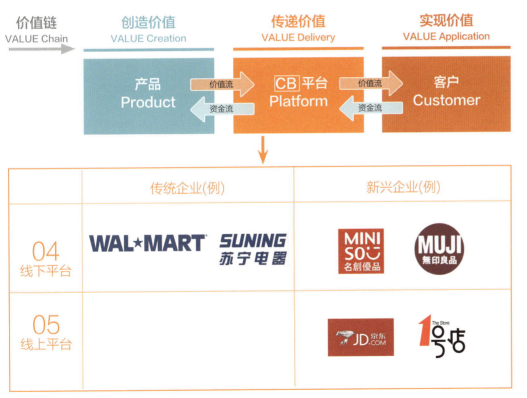

CB

价值定位CB

在to C产业链中，平台业态，即对接上游下游、达成交易的业态，也就是通常意义上讲的流通渠道。

做to C平台的企业，根据平台形态，可以分成线下平台和线上平台两种模式。

因此，在to C平台的价值定位中，有两种典型的商业模式，即

04. 线下平台

05. 线上平台

价值定位CC：to C产业中的客户价值业态

价值定位CC

在to C产业链中，客户价值定位，即对接客户与客户，达成交易。在互联网时代，有一个概念叫C to C，就是指这一业态。客户与客户之间进行交易，也需要平台的服务，这就孕育出了做C to C平台的企业。

做C to C平台的企业，从商业价值传递的模式上，可以分成C to C销售和C to C出租两种。

因此，在to C客户价值业态的价值定位中，有两种典型的商业模式，即
06.C to C交易平台
07.共享经济平台

to B产业

下面四个业态都属于to B领域。to B领域与to C领域完全不同，首要的就是需求端不同。

典型的差异在于，需求端的数量有巨大的差异，中国的个人用户数以亿计，企业数以万计，大型企业数以千计。某些细分领域中的企业，to B客户可能只有几十家甚至是几家。比如，华为早年的业务在全国只有三家客户——中国移动、中国联通、中国电信，即便是按省级的公司算也不到100家。而GE能源业务，在中国只有五家客户，就是五大发电集团。互联网只有在使用者数量大、地域分散的情况下，才有优越性。

另外一个差异在于，需求的复杂度和深度非常不同。在to C市场上，商家的每笔交易只需要满足一个人（最多是一户人）的需求，而在to B市场上，商家必须要满足企业客户中不同人的需求。因此，to C的产品比较容易做得简单而极致，而to B的产品难以做到。

to B
to C

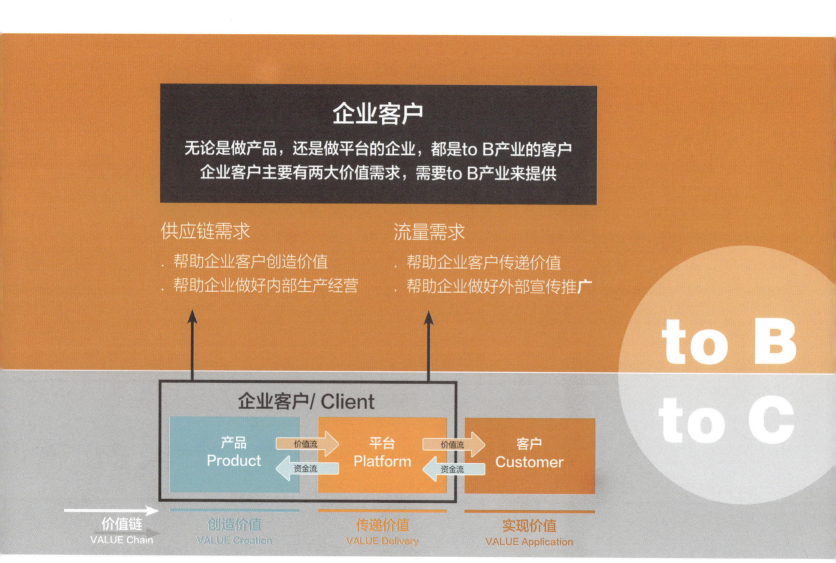

01 价值地图：一切创新的基础

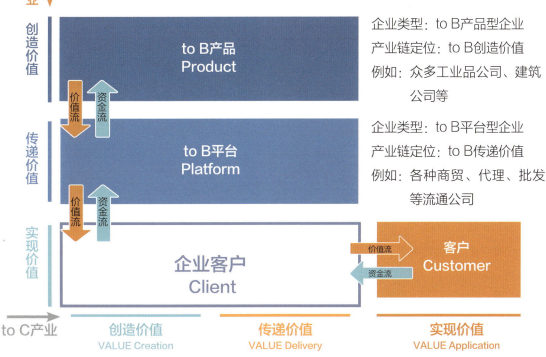

to B产业的价值链依然符合创造价值、传递价值和实现价值的逻辑，只不过它们下游实现价值的一端是企业客户。而这些企业客户有很大一部分就是to C产业中的那些企业。因此，左图将to B产业的价值链竖起来展现。

to B产业的价值地图（5种商业模式）

价值定位BA：to B产业中的供应链产品业态

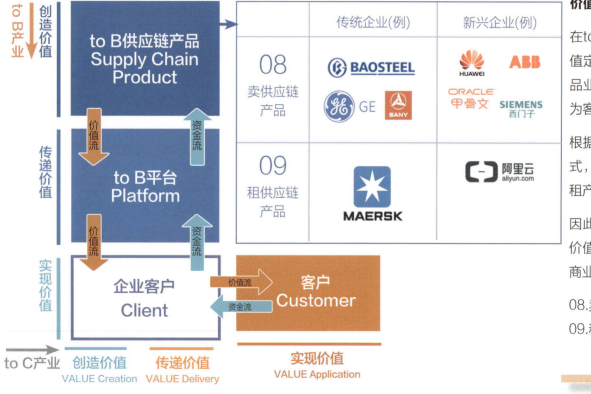

价值定位BA

在to B产业链中，第一个价值定位的业态，即供应链产品业态，也是to B产业链中为客户提供供应链的业态。

根据商业价值向下传递的模式，可以分成销售产品和出租产品两种。

因此，在to B供应链产品的价值定位中，有两种典型的商业模式，即

08.卖供应链产品
09.租供应链产品

价值定位BF：to B产业中的流量产品业态

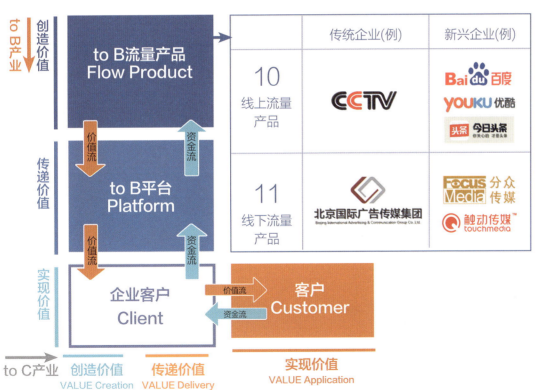

价值定位BF

在to B产业链中，在创造价值定位的产品业态中，还有一类重要的产品——流量产品。企业客户采购流量产品，以满足流量需求，促进推广和销售。

此业态并不是从互联网开始的，早年的纸媒、电视都是如此。

根据流量产品形态，可以分成线上流量和线下流量两种模式。

因此，在to B流量产品的价值定位中，有两种典型的商业模式，即

10.线上流量产品
11.线下流量产品

价值定位BF：流量经济的价值流本质

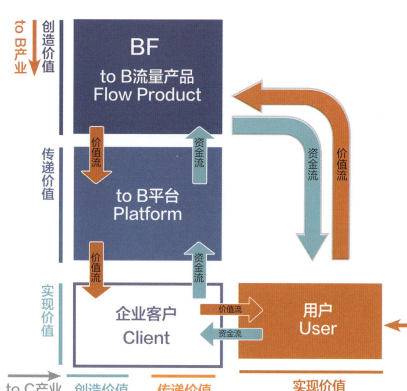

流量经济不是真免费！

其实，这个商业模式领域才是互联网公司的重地。大部分互联网公司的业态，就是生产流量，然后将流量卖给企业客户。生产流量的方式有不同的种类：百度靠搜索，腾讯靠社交，优酷靠视频，新浪靠微博，今日头条靠新闻。

很多人认为互联网公司都是to C产品市场，实际上不是这样的。对于这些互联网公司来说，用户并不是它们的客户，而是价值链的上游。而资金流也是反过来的，也就是说互联网公司本质上是给用户资金，因为让你免费使用相当于给你钱，更不用说在很多情况下还要倒贴钱。

C端用户
是to B流量产品的上游和供应，而不是下游和客户

价值定位BB：to B产业中的平台业态

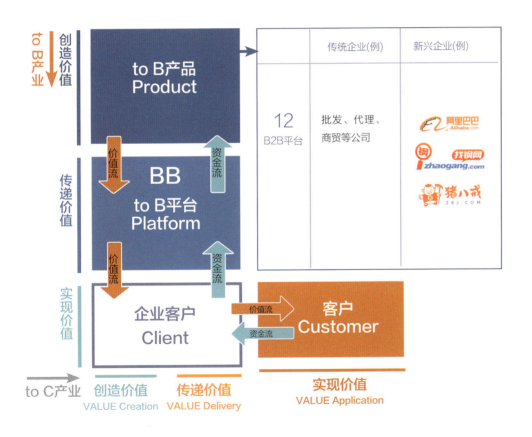

价值定位BB

在to B产业链中，平台业态，即对接上游下游，达成交易的业态，也就是通常意义上讲的流通渠道。

to B领域原本是平台类的企业，往往都没有品牌，也没有实力特别雄厚的。这源于to B领域的企业客户数量少、集中度高。针对大型企业，往往采用自己直销的方式；针对中小型企业，部分会采用渠道代理。

有了互联网之后，to B领域才有了孕育较大公司的契机，因为互联网能够连接广大的中小企业。典型的商业模式是：

12. B to B平台

我用一张"产业地图"概括了两大产业价值链，其中包含六大价值定位和当今主流的12种商业模式。当今中国最创新的标杆企业，均在此图当中，包括小米模式、腾讯模式、摩拜单车模式、名创优品模式、京东模式、瓜子二手车模式、滴滴模式、华为模式、阿里云模式、百度模式、分众传媒模式、找钢网模式。

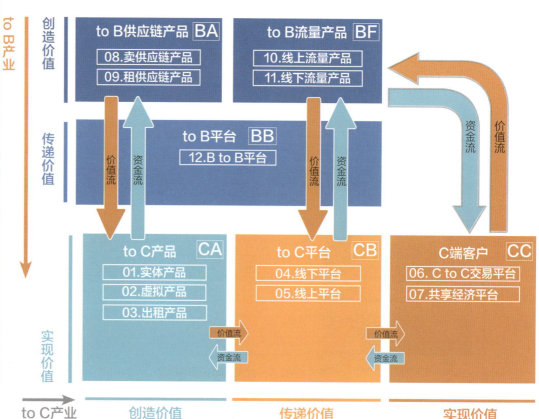

价值定位：
产业价值链的分析方法

商业模式创新，要从整个产业的视角出发，而不要仅仅从企业自身出发。因此，对产业价值链的研究和剖析，是商业模式创新的基础沿着产业价值链的解析和挖掘，可以让我们找到整个产业中最薄弱、最落后、最低效的环节，而这些往往是未来创新中最有潜力的领域。找到这些环节就好像找到了"瓶颈"，如果我们能够打破这些"瓶颈"，就可能会产生大河奔流一样的巨大的市场收益。

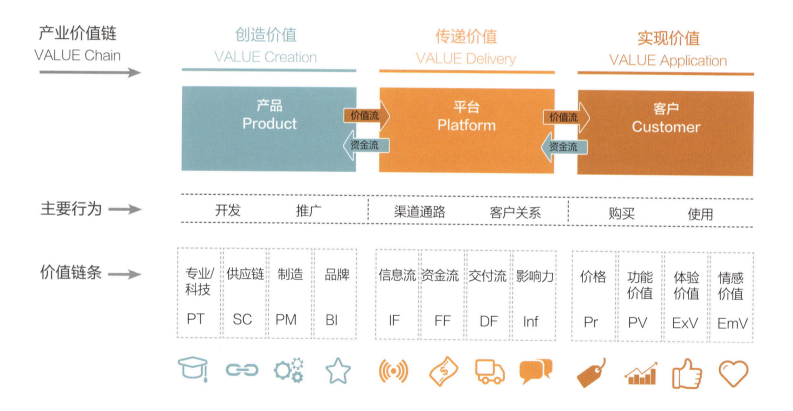

a 创造价值的价值链

产业价值链
VALUE Chain →

创造价值
VALUE Creation

产品 Product

 PT

 SC

 PM

 BI

a1 专业/科技 Professional/Technology

企业在研发、生产等经营活动中应用的专业能力、科学技术等

a2 供应链 Supply Chain

企业上游供应链，企业通过采购、合作等方式从中获得原材料等的供应

a3 制造 Production / Manufacture

企业通过生产过程，将产品制造出来

a4 品牌形象 Brand Image

企业及其产品的价值主张、定位、形象、品牌等外在展示

b 传递价值的价值链

产业价值链
VALUE Chain

传递价值
VALUE Delivery

平台
Platform

 IF

 FF

 DF

 Inf

b1 信息流 Information Flow
买卖之间需要进行的信息共享、互动交流和必要的沟通

b2 资金流 Fund Flow
商务交易前、中、后，所进行的资金流动、交换、借用、投融等

b3 交付流 Delivery Flow
卖家为买家提供的产品或服务的交付方式、配送方式

b4 影响力 Influence
对客户的影响力，如客户关系、销售能力等

01 价值地图：一切创新的基础　25

C　实现价值的价值链

产业价值链
VALUE Chain →

实现价值
VALUE Application

客户 Customer

Pr
c1　价格 Price
客户支付的价格

PV
c2　功能价值 Performance Value
使用功能和性能，从而达到客户购买的目的

ExV
c3　体验价值 Experience Value
在使用的过程中，用户对于好不好用的感官体验

EmV
c4　情感价值 Emotion Value
客户对商家或产品的情感，包括喜恶、忠诚等

a1 PT
专业/科技
Professional/Technology

企业在经营中,尤其是在创造产品的过程中,会有较为专业的能力。这些专业的能力,可能是科技,也可能是专业技能。这些专业的能力,其专业性越强,会给客户带来越高的价值,也会为企业带来越大的竞争力。

在对专业/技术方面的价值链进行解析时,我们审视产业中整体的专业或技术水平,找到亟待改进的环节,或者通过新技术能够大幅提升的方面,从而找到可以引入更加先进的专业或技术的潜力点。

在整个产业中,我们可以将一些关键技术,按技术生命周期分成以下几类:

落后技术

落后技术很可能仍然在产业中被使用,我们可以分析原因,同时判断其未来的淘汰时间,也要审视自身企业中有没有这样的技术,如果有,要做好主动更换、淘汰的准备。

成熟技术

成熟技术一般在产业中已经被广泛应用。如果我们也主要依赖成熟技术,那么未来我们要考虑降低成本,或者准备应用更加先进的技术。

先进技术

考察产业中的先进技术,及其使用情况、性价比,企业可以根据情况选择尝试、跟进、模仿或者继续观望。

前沿技术

前沿技术往往尚不成熟,但很有潜力。如果有企业在率先使用,要仔细辨别。如果识别出该技术能很快被广泛应用且效果很好,则及时抓住能享受红利。

a2 SC 供应链
Supply Chain

供应链是指产品生产和流通过程中所涉及的原材料供应商、生产商、分销商、零售商以及最终消费者等成员通过与上游、下游成员的连接组成的网络结构。这里所谈的供应链，主要是指企业的上游供应，即为企业提供生产资料、资源的供应链条。

在对供应链的价值链进行解析时，我们审视产业中整体供应链的水平，找到供应链中可以提升的方面。

在对供应链进行解析时，我们可以从以下几方面来看：

采购分散，缺乏规模效应

产业中可能存在企业分散的现象，每家企业对一些原材料的采购量较小。这样就有通过规模效应，压低采购价格，提升供应链效率的空间。

纯中介环节过多

如果供应链中纯中介倒手次数过多，就存在着层层加价的问题。如果有可能通过优化重组或者技术手段去掉部分中间环节，就可以降低成本，同时也可以节省时间。

存在暴利环节

无论是外部供应链还是内部供应链，只要存在暴利环节，就有降低暴利提升性价比的可能性。

新原材料的替代可能性

可能会有新的原材料能够替代供应链中旧有的原材料。

a3
PM
制造
Production/Manufacture

企业通过生产制造，形成产品或服务，其中凝聚了价值。生产制造不仅仅适用于制造型企业，同样适用于各行各业。只要是产品化的过程，比如软件公司的编程工作、电影公司的拍摄工作，都可以被广泛定义为"生产制造"。

在对生产制造的价值链进行解析时，我们审视产业中整体生产制造的水平，找到其中可以提升的方面。

在对生产制造进行解析时，我们可以从以下几方面来看：

工艺水平差，质量低
由于生产制造过程及工艺水平低，导致生产质量偏低。

生产管理差，效率低
生产管理能力不足，规模效应不够，整体效率低下。

可能升级为解决方案
客户更倾向于基于问题的解决，所以，企业可以将一个个标准产品设计组合成为针对客户的整体解决方案。解决方案的提供，能够为企业带来更高的满意度和科学的售价。

更新慢，有可能加快迭代改善
生产制造封闭，以自我为中心，长期固定不变；制造的产品，不符合市场需求的变化。以上问题可以通过迭代改善来解决。

a4
BI
品牌形象
Brand Image

企业及其产品，给市场和客户展现的是外在形象和内在价值定位。企业通过对品牌与形象的设定，为市场和客户传递一个或多个关键信息，让客户更容易理解、接受和选择。

在对品牌形象的价值链进行解析时，我们审视产业中整体品牌形象的水平，找到其中可以提升的方面。

在对品牌形象进行解析时，我们可以从以下几方面来看：

形象难看

在普遍看颜值的时代，形象难看的产品越来越难被接受。

审美过时

产品形象已经不符合新时代的审美观，当前的趋势是从繁复奢华向简洁大气转换。

产业中无大品牌

如果产业中没有被广泛熟知的权威品牌，那么就有塑造新品牌的机会。消费者仍然需要有大品牌，以简化对产品的选择。

产业中品牌普遍低端

如果产业中的品牌都是低端品牌，那么必然有做高规格品牌和产品的机会。

产业中品牌过时老化

随着消费升级，产业定期会有品牌升级或者新潮品牌的需求。

b1
IF
信息流
Information Flow

信息流既包括商品信息的提供、促销行销、技术支持、售后服务等内容，也包括诸如报价单、付款通知单等商业贸易单证，还包括交易方的支付能力、支付信誉、中介信誉等。信息流是商业交易中不可或缺的部分。

在对信息流的价值链进行解析时，我们审视产业中整体信息流的水平，找到其中可以提升的方面。

在对信息流进行解析时，我们可以从以下几方面来看：

客户分散，信息交互效率低

客户地理位置分散，交通存在挑战，传统渠道效率很低。

中间环节多

流通的中间环节过多，层层盘剥加价，但中间环节的增值很小。其中必然有巨大的信息差。

原有渠道的性价比下降

渠道的要价在提升，但效果在下降。例如，原来线下渠道的性价比低，被线上渠道所冲击，但近两年线上渠道的性价比逐渐下降，线下渠道的性价比反而回升。

有新渠道的机会

新渠道在早期往往都有性价比很高的情况，可以说具有新生事物的红利。

b2
FF
资金流
Fund Flow

资金流,指的是在价值链中,不同成员间随着业务活动而发生的资金往来。其中也包括金融资源的使用,比如投融资、债权等。

在对资金流的价值链进行解析时,我们审视产业中整体资金流的水平,找到其中可以提升的方面。

在对资金流进行解析时,我们可以从以下几方面来看:

支付、结算效率低下
在商业流通交易中,各方之间的资金交换速度慢、成本高。

资金周转时间长
资金流转慢,账期很长,企业面临着较高的资金风险。

价格有大幅波动
产业中关键环节的价格有大幅度波动的可能性,或者是周期性的波动,给企业造成了很高的风险。

信用风险
在产业中的交易环节,交易双方存在明显的信用风险。例如,在线交易中,买卖双方很可能不认识,买方怕付了钱却得不到好的产品,卖方怕东西寄出后却得不到钱。

b3 DF 交付流
Delivery Flow

交付流，就是供应商的产品提供给需求方的到达方式。这在实体产业中，体现为物流；在服务业中，体现为到店服务或上门服务。

在对交付流的价值链进行解析时，我们审视产业中整体交付流的水平，找到其中可以提升的方面。

在对交付流进行解析时，我们可以从以下几方面来看：

物流效率低、成本高

在实体产品产业中，物流会占到很大的比重，其中可能会有效率低、成本高的情况。

物流的品类局限

产业中的产品品类有重要的提升空间，比如冷链物流、危险品物流。

有上门服务的可能性

原本要客户自取或者到店服务的，现在有上门送货或上门服务的可能性。

有共享物流的可能性

同一批交付流或物流，能够被多家企业共享。

有灵活交付的可能性

原本需要整块交付的，现在可以被切割成更细的颗粒进行交付。例如，在租车行业中，原本只能按天来交付，一租至少一天，现在可以灵活交付，需要开10公里，就可以只租这10公里。

b4
Inf
影响力
Influence

企业对每一个客户群体的影响力，体现为客户开发、关系维护、交互信息、销售推进等。对于B类客户，影响力显得更加重要，对客户的采购和使用会有深刻影响。

在对影响力的价值链进行解析时，我们审视产业中整体影响力的水平，找到其中可以提升的方面。

在对影响力进行解析时，我们可以从以下几方面来看：

直销队伍对客户的影响力弱

自有的销售团队，对客户的销售能力较弱。

渠道对客户的影响力弱

渠道销售对客户的销售能力弱，无法充分展示产品的价值。

直销队伍成长效率过低

销售人员或渠道，培养周期长，形成真正的销售战斗力慢。

企业对渠道的影响力弱

企业在针对渠道的合作中处于弱势状态，或者没有对渠道进行有效控制。

客户满意度低

对于产业中的客户，其满意度普遍低，却没有更好的选择。

c1
Pr
价格
Price

价格永远是客户最关注的因素之一。在功能和性能不变的情况下,价格一定会呈下降的走势。

在客户端实现价值的价值链部分,企业为客户带来的价值会有所体现,也是我们满足客户需求的指引。

在对价格的价值链进行解析时,我们审视产业中整体价格的水平,找到其中可以提升的方面。

在对价格进行解析时我们可以从以下几方面来看:

价格高,有暴利成分
产业内的价格普遍偏高,里面有暴利的成分。比如,在原来的智能手机领域,小米抢占中低价位市场获得了成功,趁机推出价格在2000元以下的小米手机。

价格低,利润薄
产业内可能存在价格战,或者普遍价格很低,企业能够赚取的利润很薄。此时可能有重新改造和整组产业的机会。

价格高,有奢侈成分
产业内有很多奢侈品的成分,价格较高,有品牌的大幅溢价。当今的趋势是,奢侈品的过度溢价越来越不被认可,这里存在更多的"轻奢"机会。

价格高,有功能过度的成分
产业内的产品可能大大超过客户的真实需求,复杂度偏高。这样就有减少冗余、降低价格的空间。

c2
PV
功能价值
Performance Value

功能价值，即客户使用产品时所实现的价值，也就是购买产品的目的。每一个产品最后落实到客户那里，主要体现在功能价值上，并且功能价值主要是站在客户的角度，而不是站在企业自身的角度而言的。

在对功能价值的价值链进行解析时，我们审视产业中整体功能价值的水平，找到其中可以提升的方面。

在对功能价值进行解析时，我们可以从以下几方面来看：

性能低

产业内的产品，性能有比较低的情况，客户对性能的诉求远远没有被满足。例如，电动汽车的电池续航性能普遍很低。

功能的更新迭代

当今时代，大多数产业需要对功能进行必要且及时的更新迭代。

潜在的功能需求

在该产业中，客户有真实存在但尚未被满足的功能需求，这些往往是潜在的需求，需要企业去挖掘。例如，乔布斯提出要做智能手机iPhone，并不是客户提的明确需求，而是他找到的潜在需求。

功能实现的可替代性

客户实现相似的功能，可能会有可替代的产品、服务或方案。

需要功能定制

针对某些客户的特殊需求进行客户化定制，或者对纵向或横向延伸的功能进行整合。

c3 ExV 体验价值
Experience Value

体验价值,是客户在与企业及其产品的交互、使用中所获得的体验的好坏。客户的体验会影响客户对企业的接受度、美誉度、口碑和忠诚度。

在对体验价值的价值链进行解析时,我们审视产业中整体体验价值的水平,找到其中可以提升的方面。

在对体验价值进行解析时,我们可以从以下几方面来看:

麻烦多,不方便
客户在采购过程中遇到的麻烦多,或者在使用过程中遇到的麻烦多。这导致客户在享受功能价值的同时,在很多体验价值上感受不好。

投入大,浪费多
客户在使用中投入的钱、时间、精力较大。

选择过多而复杂
从人性的角度出发,产品越简洁越好。而当今很多企业所提供的选择过多,复杂度高,客户使用障碍大。

服务水平低
企业人员在与客户的交互中,尤其是在服务方面,提供的服务水平低,造成客户体验差,比如服务态度差、服务标准不统一、服务技能差等。

同质化严重
产品同质化严重,在功能价值上相差无几。这样,如果企业在体验价值上有所创新或改善,可能会大幅提升竞争力。例如,招商银行在这方面一直是领先者。

c4 EmV 情感价值
Emotion Value

人类是感性动物，对周遭事物有不同的情感。而情感也左右着客户对企业的态度，进一步影响其商业行为。企业能够为客户创造情感价值，提升客户对企业的情感认知和认同，从而降低交易成本，提升客户忠诚度。

在对情感价值的价值链进行解析时，我们审视产业中整体情感价值的水平，找到其中可以提升的方面。

在对情感价值进行解析时，我们可以从以下几方面来看：

缺乏品牌忠诚度
在产业内，客户对各企业、各品牌缺乏忠诚度，用哪一家都无所谓。

大品牌缺位
产业内缺乏较大的品牌。在客户心中没有哪个品牌占据情感价值的优势位置，这说明存在抢占情感价值的机会。例如，在充电宝行业并没有大众所熟知的名牌，所以小米一杀入很快便成为业内大牌。

人口特征的变化
随着时间的推移，旧的客户人群在变老，新的客户人群不断出现。不同的客户人群有不同的情感价值诉求。

认知变革
客户、市场或社会，对该产业有重要的认知转变，这样会让人们对产业有比较确定的情感偏向。比如，马桶盖事件使得中国人普遍认为日本货代表着"高品质"。

有塑造明星IP的可能性
人们对个人IP的情感接受要比对企业要容易，如果有塑造行业中个人IP的机会，就更容易影响客户的情感价值，比如投资界的徐小平、家电界的董明珠。

to C产业链解析

产业价值链的解析，是一个非常好用的产业与商业模式分析和创新的工具。

to C产业价值链解析，就是沿着to C产业价值链的链条进行研究、分析、挖掘，找到其中可以大幅提升的潜力点，即所谓的"价值洼地"。

适合以下商业模式：

| 01.实体产品 |
| 02.虚拟产品 |
| 03.出租产品 |
| 04.线下平台 |
| 05.线上平台 |

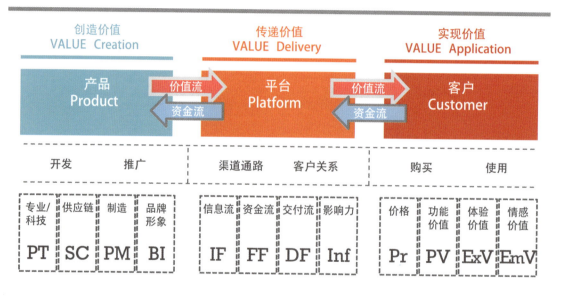

to C产业链解析

产业价值链的解析，就是沿着价值链的各个关键环节，研究并判断得出产业的整体水平。这里可以将产业价值画成价值曲线，在曲线上可以更加直观地看到"价值洼地"，这些地方就是未来产业和商业模式设计中可以大幅提升的创新点。

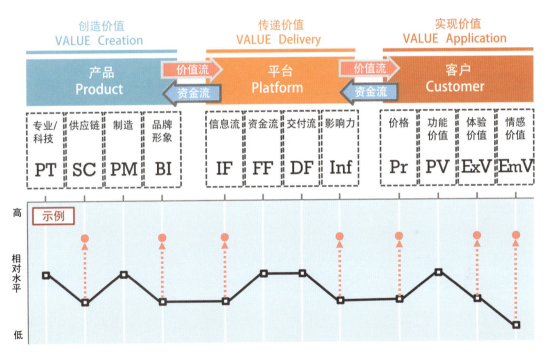

to C产业链解析

在to C产业价值链中,对客户价值业态(即C to C平台和共享经济平台)的价值链进行解析存在特殊之处。这是因为提供产品的不是企业,而是C端个人用户。

在这条价值链中,C端用户是产业链的上游,也是产业链的下游,而这一业态的企业往往对接交易平台,平台上的供应者和需求者都是个人用户。

但C to C平台本身也是产品提供者,这是因为个人卖家无法保证质量,而是通过供应给平台,由平台将其塑造成产品。

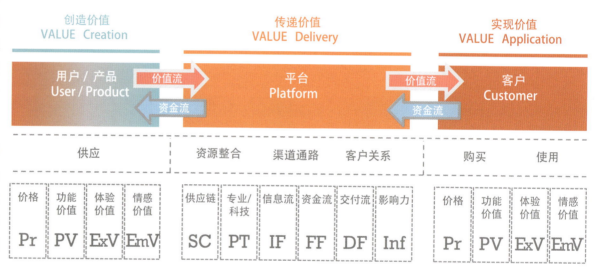

价值定位CC:to C产业中的客户价值业态

适合以下商业模式:

06. C to C交易平台

07. 共享经济平台

to C产业链解析

价值定位CC：to C产业中的客户价值业态

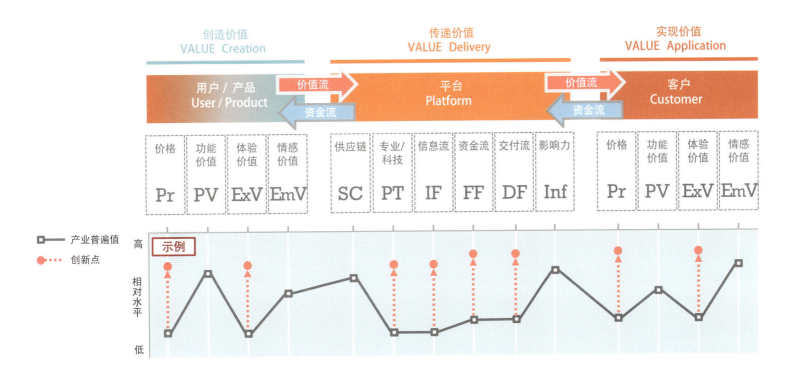

to B产业链解析

to B产业中的供应链产品产业链

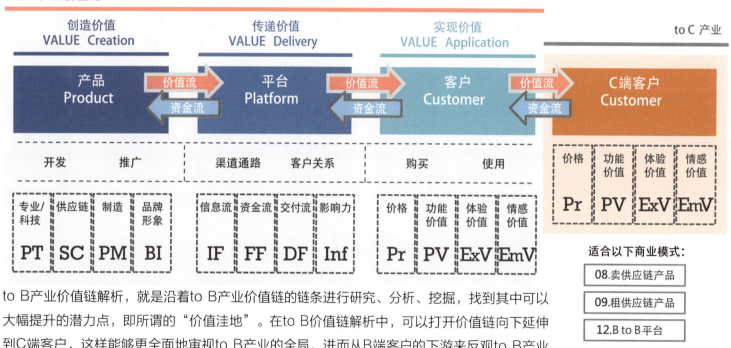

to B产业价值链解析，就是沿着to B产业价值链的链条进行研究、分析、挖掘，找到其中可以大幅提升的潜力点，即所谓的"价值洼地"。在to B价值链解析中，可以打开价值链向下延伸到C端客户，这样能够更全面地审视to B产业的全局，进而从B端客户的下游来反观to B产业的价值。

to B 产业链解析

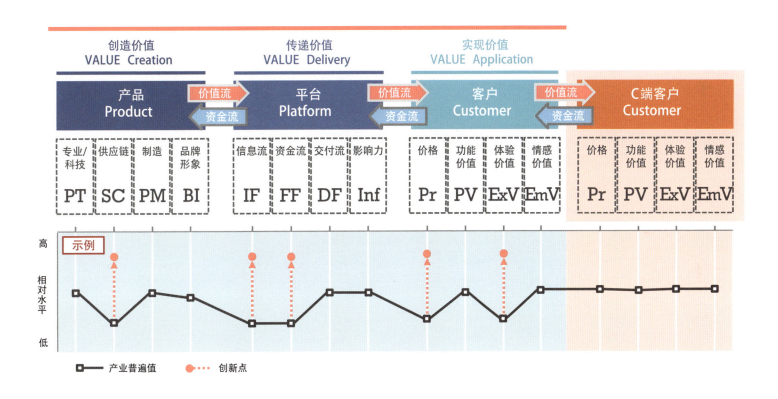

to B 产业中的供应链产品产业链

to B产业链解析

to B产业中的流量经济产业链

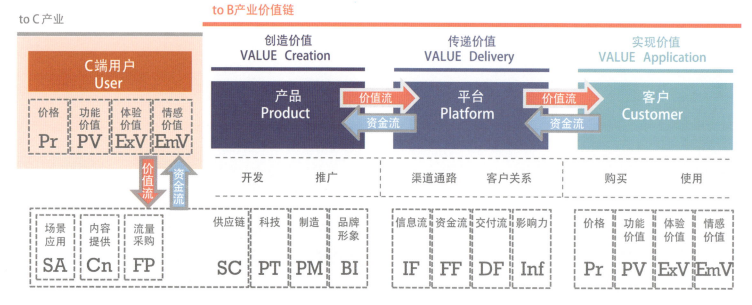

在to B产业价值链中,对流量经济价值链的解析有特殊之处。在这条价值链中,C端用户是产业链的上游,是企业的供应链。为了获取用户,企业需要针对用户的价值诉求,以价值或者资金来换取用户,形成流量产品,从B端客户那里获得资金回报。企业通过三种方式获取用户流量,分别是场景应用、内容提供和流量采购。

to B产业链解析

to B产业中的流量经济产业链

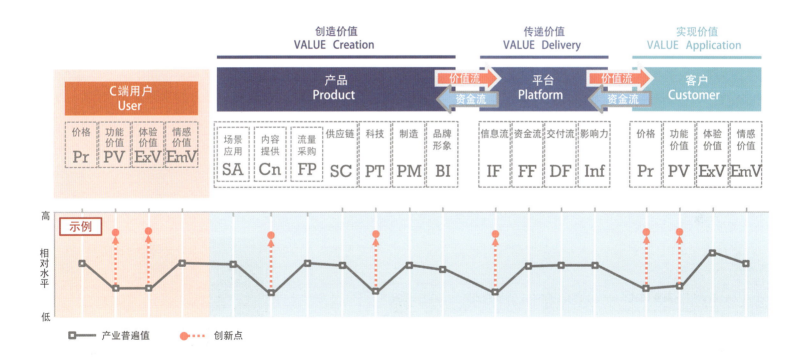

SA
场景应用
Scene Application

场景化思维一直是互联网时代的关键方法，让用户在有需求的场景下得到需要的应用服务，同时企业能够获得用户流量。用户使用场景的挖掘，是企业做流量产品最核心的要素，而给用户提供的应用应该尽量做到极致。

Cn
内容提供
Content

企业可以为用户提供内容，而用户在享受免费内容的同时，也为企业提供了流量。这些内容应该尽量符合用户的日常需求或者兴趣，比如新闻、文章、影视、音乐等。

FP
流量采购
Flow Purchase

企业也可以直接用钱从有流量产品的企业购买流量。大量的互联网公司，为了获取用户，向BAT这些流量入口购买流量。即使像百度这样的公司，也曾经向央视春晚购买流量。

找油网的产业互联网价值链分析

to B产业价值链提升的案例：找油网——布局柴油行业的产业互联网模式

> **作者实操案例**
>
> 作者曾辅导和帮助找油网创始人吕健，通过提升柴油行业产业价值，将链条中的信息流、资金流与物流进行信息化从而实现产业互联网模式。
>
> 找油网，作为B2B交易平台打破整个产业链条上下游信息不对称的情况，并通过订单流汇总之后，重新分配供给与物流，大大提升了行业效率。

找油网（51zhaoyou.com）隶属于2015年2月成立的上海找油信息科技有限公司，是一家专业的B2B石油产品智能交易平台，为石油产品交易客户提供信息交互、价格发现、实时网上交易和手机PC支付、物流配送、金融融资服务等。

公司以柴油单品为切入点逐渐向煤油、汽油、燃料油等石油化工全品类拓展，致力于通过深化撮合服务、夯实代销服务、积极推进终端油品服务、提供信用金融服务等多种业务模式建设国内领先的石油全产业链综合电商服务平台。

国内的石油产业因受垄断被业内人士形容为"铜墙铁壁"。这个行业容量极其巨大、供应链极其落后、有着标准化产品的同时产能极其过剩。

而互联网对传统企业的冲击，再一次让这个坚若冰山的行业面临挑战。一个游泳教练出身的上海人，创业邦BC成长营二期的学员吕健，搭建了一个交易平台。他知道B2B平台想要制胜，就必须解决掉传统产业链上那些低效的"痛点"，成为细分行业的最大入口，本质上是其深谙传统产业互联网的痛点无非在于信息流、资金流与物流，而提升产业价值链的最有效的创新点则是价值传递的信息化。

找油网获"2017年中国B2B企业百强榜"第27名的排名，较2016年荣登该榜单第60名的排名上升了33名，在油品行业中排名第一。
CEO吕健获"2017年中国B2B企业百强榜"榜单第22位的排名，这是对他个人和找油网的再次双重认可。

找油网的融资之路

继找钢网成为B2B领域产业互联网的代表之后，找油网结合自身行业特性复制找钢网模式，其商业模式正中柴油这一细分领域的交易和物流痛点，逐渐成为油品综合服务行业和物流服务行业的龙头企业。它在9个月的时间里完成多轮融资，融资金额已超过5000万美元，将重新定义现有的行业格局，推动产业变革，未来几年将赴美IPO。

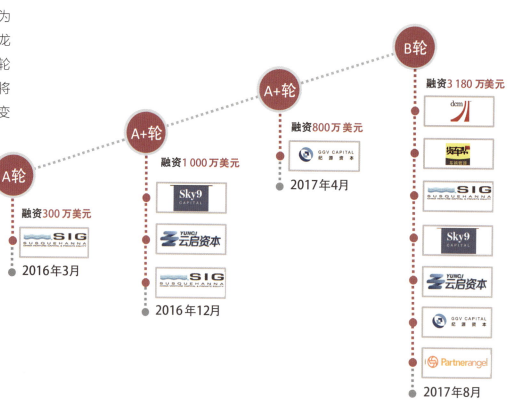

找油网成立不到两年，于2016年第四季度全面盈利

9个月历经多轮融资，吕健认为找油网受到资本青睐的原因有以下两点：

1．数据：从交易额来看，找油网2016年第一季度实现交易额1000多万元，第二季度实现交易额4000多万元，第三季度实现交易额1亿多元，第四季度实现交易额3亿多元，每一季度的交易额呈梯状上升，并在第四季度实现了盈利。

2．监管市场大机会：纵观国内市场，在监管领域已经出现了若干超大型独角兽——滴滴打车从监管的出租车领域改变了老百姓的出行，微信让大家不再使用中国移动短信服务，余额宝改变了大家的储蓄行为，这些都是在监管领域出现的大机会。

吕健坦言找油网的两点优势：

1. 帮用户节省成本，卖更便宜的油给用户。

2. 让油品流通变得更高效，用户只要把订单交给找油网，完成付款后，接下来的所有环节由平台来负责。

2016年7月，找油网业务进行了全面的调整，由原先的撮合交易升级为自营交易，利用找油商城对下游客户进行直接售卖。

2016年，找油网的交易总额为5亿元人民币，并在第四季度实现了全面盈利，营收金额约400万元。到了2017年5月，找油网单月撮合交易额突破5亿元，代销交易额突破3000万元，并持续盈利。

当月累计完成线下撮合交易吨数12 433吨，交易额超过6600万元	业务全面调整，由原先的撮合交易升级为自营交易，利用找油商城对下游客户进行直接售卖	交易总额为5亿元人民币，并在第四季度实现了全面盈利，营收金额约400万元	2017年5月，单月线上交易总额打破2016全年5亿元的数字，并持续盈利
2015年6月30日	2016年7月	2016年第四季度	2017年5月
找油网上线	撮合升级为自营	实现盈利	持续盈利

产业互联网

找油网的产业互联网价值链分析
传统产业+互联网化的重点在于通过信息化提升传递价值

传统产业互联网存在三大痛点：资源、资金和仓储物流。

以柴油产业为例，我们发现在价值链的很多点上都可以有重大创新提升，尤其是通过信息化提升传递价值。

- 产业普遍值
- 找油网可能的曲线
- 找油网重点的创新点

ⓐ B2B信息化服务与交易平台，解决"找货难"的痛点　》提升价格价值和功能价值

ⓑ 供应链金融，向上游钢厂提供融资，向下游零售商提供授信，解决"众多中小买家贷款难"的痛点　》提升价格价值和体验价值

ⓒ 物流配送，投资找罐车，整合物流资源，解决"买家找车不便、询价效率低、不准时、物流成本高"的痛点　》提升功能价值与体验价值

ⓓ 高效的撮合交易使得找油网成为订单流量入口，吸引生产过剩的柴油厂家和大代理商加入，形成柴油厂自营与保价代销　》提升价格价值和情感价值

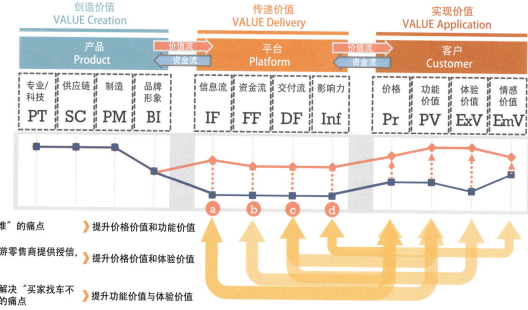

02
商业模式创新十二宫

Business Model Innovation 12 types based on Industrial Map

商业世界中的12种商业模式

BAT的方法灵吗？要看你的业态匹不匹配。
王健林为什么跟马云赌？其实万达是卖流量的。百度、新浪、淘宝其实都是to B的商业模式。

商业模式很火，却很迷惑

互联网对商业的冲击，让我们赫然惊讶于一个个全新的商业玩儿法，挑战着我们很多常规的经验和认知。这些大多被归结为"商业模式创新"，于是"商业模式"成为一个很火的领域。

我们迷茫甚至恐惧于快速变化的环境、众说纷纭的"风口"、新型独角兽的冲击。我们迷惑于在商业模式的变换中，到底什么在变，什么不变。那些不靠谱却被追捧的、眼花缭乱的新玩儿法——免费、补贴、共享、生态，到底是怎么回事？我们该如何应对？能不能采用？

我们向谁学习

关于商业模式，我们向谁学呢？最常见的办法就是找"创新之星"类的企业作为模板，它们是企业界的明星。BAT自然是让人趋之若鹜。

但是，你盲目崇拜的结果必然是没什么实际用处。为什么？因为，你能复制它们的做法，但你无法复制它们的产业和市场条件。而它们之所以成功，其创新的关键就在于它们的做法完全是针对它们的产业规律和市场需求的。它免费会赢，你免费可能就死；它共享单车能赢，你共享雨伞可能就会死。

两大产业，12种商业模式

本章将介绍中国商业模式的12种类型。可以说，互联网时代的商业模式一般只有这12种，请挑选并组合使用。

每一种商业模式在产业中都有典型的定位，也代表了一批这样运作的企业。

每一种商业模式也好像积木一样，可以拼装成更加复杂的商业模式组合。在很多大型企业或集团中，不同的业务单元属于不同的商业模式，它们可以相互独立，也可以形成协作甚至是生态系统。

我用一张"产业地图"概括了两大产业价值链，其中包含六大价值定位以及当今主流的12种商业模式。当今中国最创新的标杆企业，均在此图当中。

本章将利用产业价值链解析的方法，对产业地图上的12种商业模式进行剖析，解读这12种商业模式的标杆企业是如何成功的。

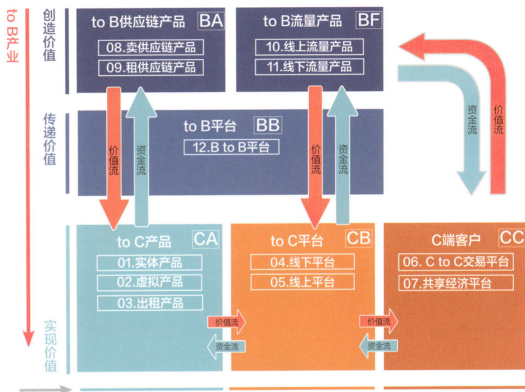

为了便于大家理解，这里用每个商业模式的典型代表来说明每种商业模式，也帮助大家理解当今中国最创新的公司，其商业模式本质是什么。这里包括小米模式、腾讯模式、摩拜单车模式、名创优品模式、京东模式、瓜子二手车模式、滴滴模式、华为模式、阿里云模式、百度模式、分众模式、找钢网模式。

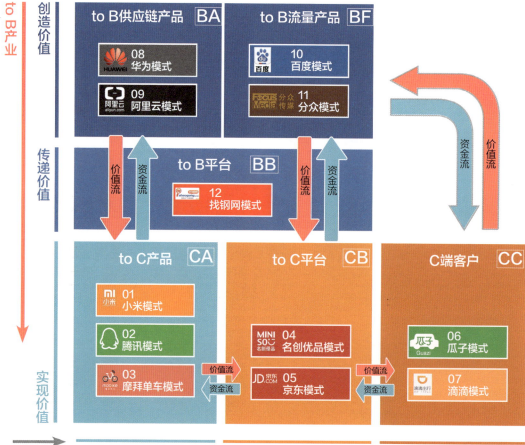

| CA | 01 |

to C产业的模式

♈ 白羊座：热情似火"雷布斯"，专为发烧而生
商业模式12型之第01型

小米 | **to C产业价值链
实体产品模式**

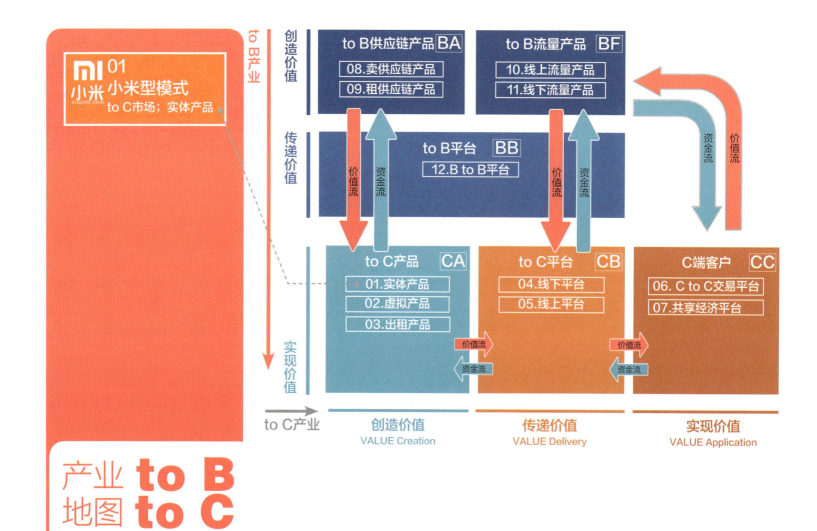

| CA | 价值定位CA：to C产业中的产品业态

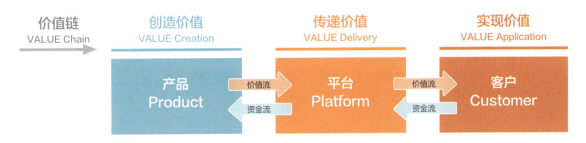

	传统企业(例)	新兴企业(例)
01 实体产品	P&G GM Haier海尔	Apple 小米 xiaomi.com TESLA

01. 小米模式（实体产品）

小米模式主要是指to C市场上实体产品的业态，其实是大家最熟悉的一种业态。很多知名品牌都在这一业态里，比如宝洁、宝马、可口可乐、耐克、海尔等。

随着时代的发展和消费升级，以及产品为王的时代的到来，在实体产品领域产生了很多新的机会，产品从价格、功能、体验三方面都有了升级的需求。

小米商业模式的商业本质

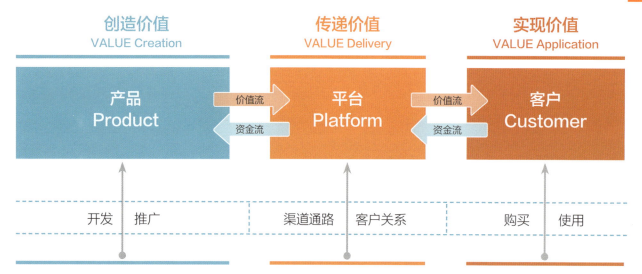

01 小米型模式
to C 市场；实体产品

产品升级，品牌升级，满足消费升级

产品为王，力求极致：互联网时代，好与坏的传播都是指数级的，做好产品永远是王道。产品要么质量够好，要么够便宜。小米走的是够便宜的路线，杀手锏是供应链的优化。

品牌建设，IP化：to C产品拼到最后拼的都是品牌，小米的高明之处就在于做品牌在先，甚至先于渠道。

在线渠道，粉丝经济

直接用小米在线渠道，对接米粉。

小米善于粉丝经济的塑造，尤其善于塑造流行的新概念。

消费升级需要更好的产品

小米抓到了智能硬件需求爆发的风口。随着中国消费升级的到来，消费者需要更好的实体产品，即性价比更高、外观更漂亮、使用体验更好。

小米发展中所面对的产业环境

很多硬件及实体产品领域在中国分化严重,要么无品牌、低价、低劣,要么国际大品牌、高价、暴利

01 小米型模式
to C市场;实体产品

本土低端产品
低价、低品质、无品牌等

国际高端品牌
高价、暴利、品牌效应等

小米——新国货
极致性价比、品牌货等

在各个硬件或产品领域中,如耳机、手环、移动电源、空气净化器、净水器、扫地机器人、箱包、床垫等,消费者对这些产品没有信任度,没有品牌认知,只图便宜。

从欧美和日本进口的产品,有较好的质量和品牌形象,占据了高端定位。但这些产品往往价格高,有很大的"奢侈"和"品牌"溢价,并非都是"品质"溢价,因此性价比也有很大的空间。

小米看中前两者之间的广大空间,把产品真正做好,打造工匠精神,提升品质。但它不做暴利,让普通人都买得起。小米将其定义为"新国货"。

小米在产业价值链中的价值提升

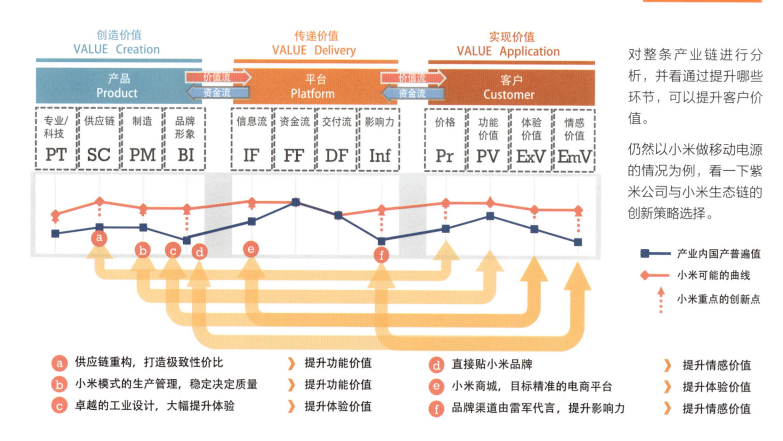

对整条产业链进行分析，并看通过提升哪些环节，可以提升客户价值。

仍然以小米做移动电源的情况为例，看一下紫米公司与小米生态链的创新策略选择。

| CA | 02 |

↗ 射手座：对挑战保持乐观，追求改变世界，对用户体验细致入微，又开放生态
商业模式12型之第02型

腾讯 | to C产业价值链
虚拟产品模式

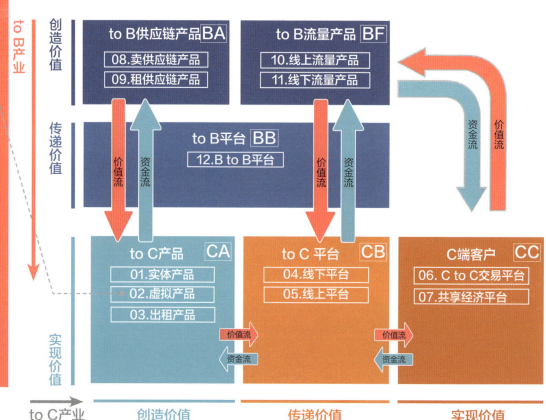

02 腾讯型模式
to C市场；虚拟产品

腾讯有众多业务板块，这里主要探讨的是腾讯旗下最重要的盈利产品——腾讯游戏，即腾讯互娱。

产业地图 to B to C

| CA | 价值定位CA：to C产业中的产品业态

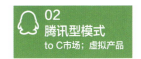

02. 腾讯模式（虚拟产品）

腾讯模式主要是指to C市场上虚拟产品的业态。此类模式的企业生产虚拟形态的产品，并将之卖给C端客户。此种模式一般用于满足客户的精神需求，而非物质需求。很多娱乐行业的企业原本是这种商业模式，比如电影、戏剧、体育比赛等。

随着互联网时代的到来，加之中国市场的特殊性，能直接向用户收很多钱的虚拟产品反而变少了，少有互联网公司能主要依靠C端用户直接付费来盈利。腾讯公司是这方面的典范。

腾讯游戏商业模式的商业本质

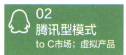

02 腾讯型模式
to C市场；虚拟产品

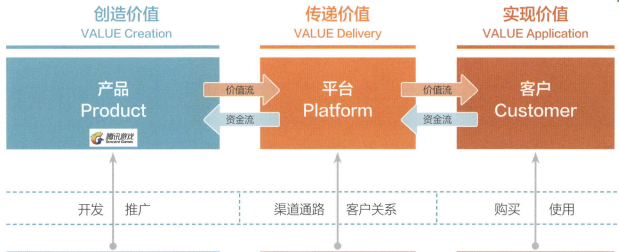

虚拟道具产品，场景化销售

入门免费，但虚拟道具收费。

腾讯游戏做得好不在于科技而在于人性，给用户带来了极致体验，让其愿意花钱，这是虚拟产品的关键。

在产品开发中快速迭代，尽快逼近极致体验，保证其产品不会偏离用户的人性需求。

自有海量流量渠道

借助QQ、微信等大流量平台获取用户。

腾讯由于平台流量巨大，也为其他公司的游戏产品做发行渠道。

实现精神和人性需求

用户在玩的过程中，通过采购道具，满足其胜出、炫耀、加速升级等心理需求。

游戏等虚拟产品发展中所面对的产业环境

中国的虚拟产品很难像欧美产品那样直接按人头卖，免费+广告模式以及按月点卡模式是原有的模式

02 腾讯型模式
to C市场；虚拟产品

流量广告模式
用户免费，聚流量卖广告

点卡模式
定期收取会员费

增值服务模式
基础功能免费，增值服务收费

很多虚拟产品都是用户免费使用，而且可能是终身免费。企业以免费获得大量用户后，将之以广告的形式卖流量给企业客户。这样的话，用户在使用过程中，必须要看广告，其体验就会大打折扣。

由盛大等网络游戏公司开启的模式，按月度销售点卡，相当于会员费。玩家购买点卡后，才能使用。这就要求这些游戏的可玩性、可持续性要很强。游戏产品公司，通过网吧等渠道销售点卡。

用户入门免费，基础功能的使用也不需要付费。但像虚拟道具、快速升级等增值服务要付费。此类产品多有很强的社交属性，以免费快速吸引用户，再让付费用户产生在社交中比别人强的荣耀感。

腾讯游戏等虚拟产品在产业价值链中的价值提升

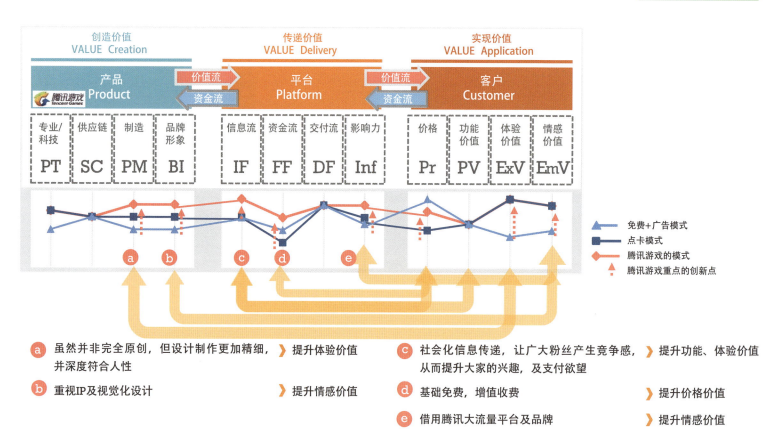

| CA | 03 |

摩拜单车

♉ 金牛座：成立后踏踏实实做了一年产品，虽然在风口，但一直追求科技和质量

商业模式12型之第03型

to C产业价值链
出租产品模式

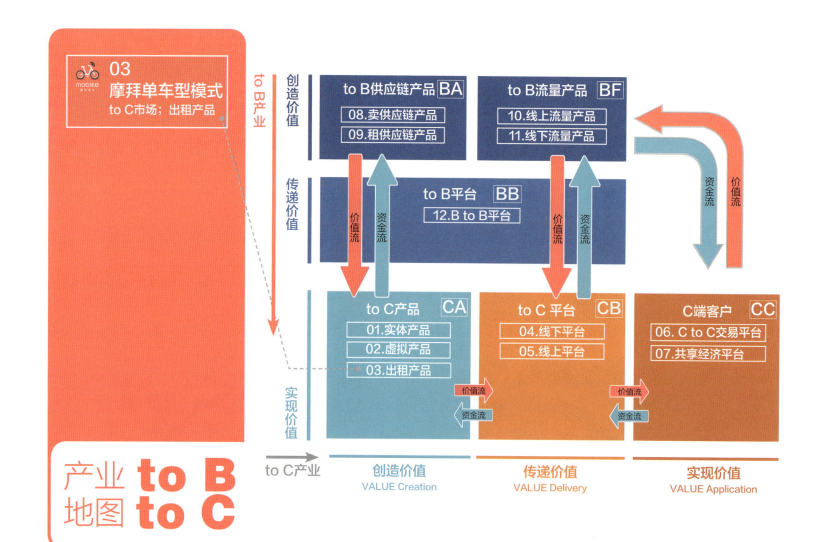

CA 价值定位CA：to C产业中的产品业态

	传统企业(例)	新兴企业(例)
03 出租产品	神州租车　华住酒店集团	mobike摩拜单车　ofo小黄车

03 摩拜单车型模式
to C市场；出租产品

03. 摩拜单车模式（出租产品）

摩拜型模式主要是指to C市场上产品出租型共享模式。从严格意义上讲，共享单车并不是共享经济，因为单车不是用户供应的，而是摩拜自己的。从本质上讲，共享单车的模式，更像是to C市场版的阿里云，把自己的单车产品，通过移动互联网随时随地随需地租给用户。用户使用前需要交押金和租金，这是典型的租赁模式。

摩拜单车商业模式的商业本质

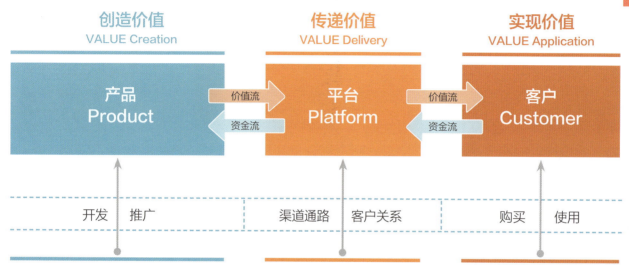

03 摩拜单车型模式
to C市场；出租产品

自建产品，共享出租

没人愿意把自己的车借给陌生人开；对于别人的单车，也少有人愿意骑。

自己做产品，要做成品质产品。为了符合消费升级所需的品质，产品需要有节奏地迭代。

信息化平台，强运营系统

信息化对接，让用户容易找到其所需的服务，其中包括对接机制、价格机制、交付机制、信用机制。

共享模式由于产品在外，会面临很多实际的问题，比如单车的维修、维护、摆放，有的产品还需要定期充电、加油。

随需随用

采用移动App操作，基于LBS定位，使用户很容易找到单车的位置布局，并即时取用。

用完方便停放，用过即走，根据用量支付租金。

摩拜单车发展中所面对的产业环境

摩拜单车占据的是最后一公里的交通市场，在发展过程中，其所面对的是公交车、自有代步单车以及电单车等

03 摩拜单车型模式
to C市场；出租产品

公共交通
公交车、地铁等

自有交通工具
单车、电单车等

共享单车
摩拜单车、ofo等

公共交通是一种选择，大家已对此习以为常，而且其价格又便宜。但公共交通有明确的站点位置，乘客上下车都还需要走一段路，不够方便。

自有交通工具可以解决最后一公里的短途交通问题，可控性强。但是存放、防盗等行为是必须的，也很麻烦。此外，购买这些交通工具还需要一次性支付一定的费用。

用户可以随需随用，但不必购买和拥有。由于取用和归还都没有地点限制，所以最大化地解决了最后一公里的交通问题，且没有存放的麻烦。

摩拜单车在产业价值链中的价值提升

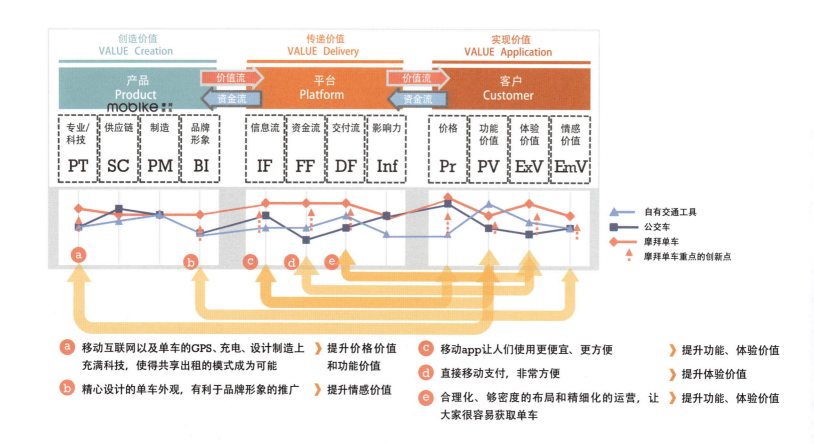

| CB | 04 |

名创优品

♋ 巨蟹座：真挚细腻的零售，当大众的顾家好闺蜜
商业模式12型之第04型

to C产业价值链
线下平台模式

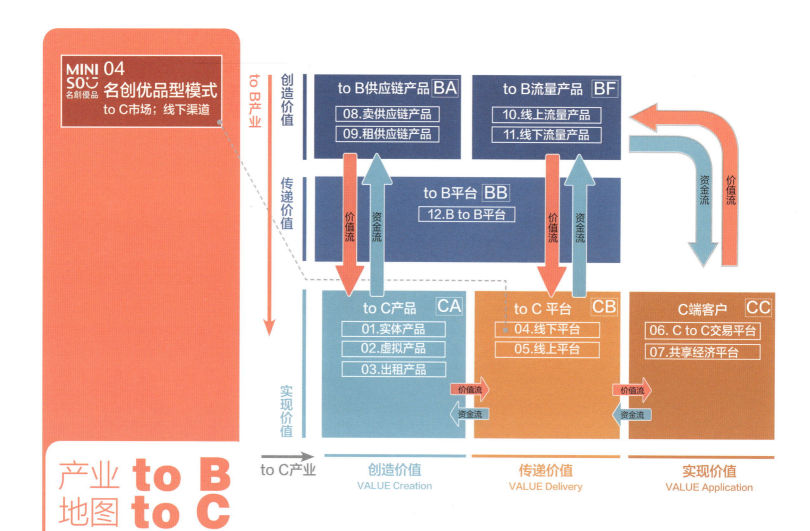

CB 价值定位CB：to C产业中的平台业态

	传统企业(例)		新兴企业(例)	
04 线下平台	Walmart 沃尔玛	SUNING 苏宁电器	MINISO 名创优品	MUJI 无印良品

04. 名创优品模式（线下平台）

名创优品型模式主要是指to C市场上线下渠道的业态。将上游产品卖给下游消费者，即所谓的渠道。除了名创优品，屈臣氏、苏宁、国美、沃尔玛、利星行等都是这种业态。

近些年，传统的线下渠道面临着线上渠道的巨大冲击，导致线下渠道的大幅度收缩。随着线上渠道模式的成熟，线上平台也逐渐没有了红利，其原本的优势也不再那么明显，成本反而更高。

在这种背景之下，线下渠道有重新崛起之势，使得线上、线下各具优势，各有自己的市场。

名创优品商业模式的商业本质

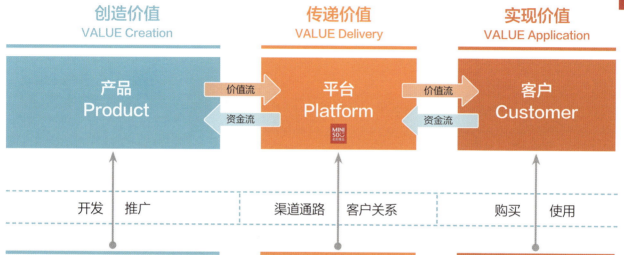

MINI 04 名创优品型模式
to C市场；线下渠道

创造价值 VALUE Creation — 产品 Product

传递价值 VALUE Delivery — 平台 Platform

实现价值 VALUE Application — 客户 Customer

开发　推广　｜　渠道通路　客户关系　｜　购买　使用

超级买手，精品路线

新一代年轻人与其生活品质相匹配，所买产品都经过精心筛选，从质量到外观都很棒，但价格不高。他们的目标是货架上的各种爆款。

渠道品牌化，极致性价比

以独特定位占领消费者的心智，虽然自己不生产产品，但注重自身品牌的建设。

以品类机制、价格机制、环境机制、开店机制，建立设计精良、效率极高的百货快时尚连锁品牌。

消费升级的采购行为

对空间的利用率很高，因而与很多传统零售铺面相比，名创优品店内相对热闹甚至经常出现火爆的场面。在这样的场面下，消费者很容易处于兴奋状态，冲动消费。

名创优品发展中所面对的产业环境

名创优品在发展过程中所面对的有线下的零售百货,也有已经很有实力的线上平台

MINISO 04 名创优品型模式
to C市场;线下渠道

线下零售百货
沃尔玛、家乐福以及其他商场等

在线零售平台
淘宝、京东等

名创优品
回归线下的新型零售店

线下零售较为成熟的,要么是以低价为核心的大型商超,如沃尔玛、家乐福等,要么是以综合购物为核心的商场或购物中心,其中不乏高端的定位。它们在性价比上没有很大的提升空间。

在线零售平台已经成为很核心的力量,线上货物丰富,且价格较低,具有很强的竞争力。但是,线上仍然无法替代线下的购物体验,所售卖的产品要么低价但质量不好,要么高价。

力求成为百货界的"快时尚",商品设计现代、简洁、有品位,价格却很亲民,更新频率高,流转速度快。商品种类丰富但单款数量少,可以提高顾客的决策速度。

名创优品在产业价值链中的价值提升

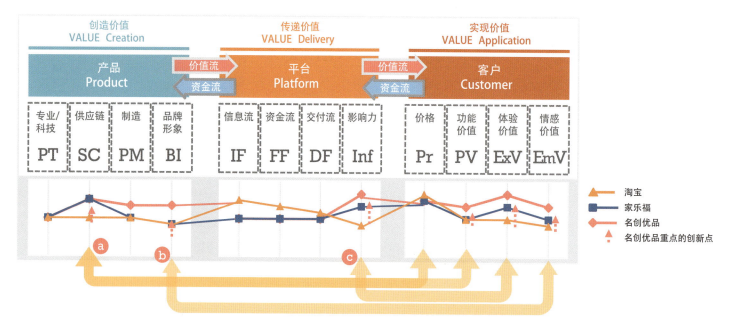

a 打破了传统模式的运营模式，即不再通过第三方进货，而是直接找工厂代工直采，去除所有中间环节，节省了一大笔渠道费用，从而保证价格上的优势。此外，为了提升整个品牌的品位和档次，在国外采购部分商品。》提升客户价格价值和功能价值

b 联合创始人三宅顺也是国际知名时尚品牌签约设计师，控制了商品的设计核心力 》提升客户情感价值

c 品牌化的门店设计，年轻时尚的陈列，提升年轻人的购物体验 》提升客户体验价值

| CB | 05 |

〰️ 水瓶座：独立而反叛，做着让人看不懂的创新
商业模式12型之第05型

京东

to C产业价值链
线上平台模式

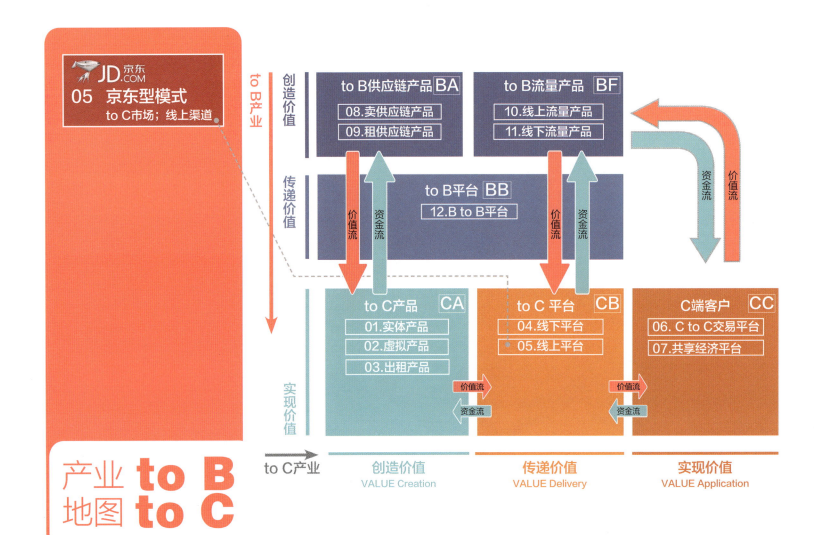

CB 价值定位CB：to C产业中的平台业态

05. 京东模式（线上平台）

京东型模式主要是指to C市场上线上渠道的业态，也就是所谓的电商平台。电商以及细分的垂直电商，是前些年最火的领域，最典型的当属京东，除此之外还有亚马逊、聚美优品、蘑菇街等企业。

京东模式，从本质上看还是渠道模式，即从上游采购产品，在下游卖给消费者。只不过，它把原来线下的交易场景，搬到了线上。

京东商业模式的商业本质

05 京东型模式
to C市场；线上渠道

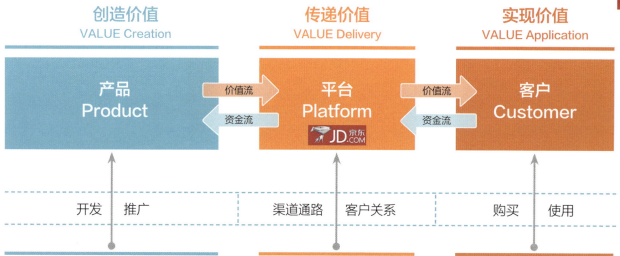

引入产品

从各家电等企业引进品类及产品，并实现一定的产品丰富度。

交易平台，四大机制

京东商城搭建起在线卖场，其实就是将线下交易搬到线上。京东建立了品类机制、交易机制、交付机制和信用机制，保证用户可以便利而放心地采购商品。京东的自建物流体系，又最大程度地保持了交付的快速。

买产品

客户通过平台找到和买到其需要的产品，其诉求要求价格低、采购体验好、交付快捷方便和质量稳定。

京东发展中所面对的产业环境

京东在发展过程中所面对的有线下的零售巨头，也有新兴的线上平台

05 京东型模式
to C市场；线上渠道

线下零售巨头
苏宁、国美等

在线零售平台
淘宝

京东商城
聚焦家电产品的线上渠道

苏宁、国美在全国开有很多的线下门店，由于广大消费者对门店消费仍然很依赖，它们成为家电产品全国领先的渠道连锁。

阿里巴巴开启了C to C交易平台淘宝，淘宝上逐渐积累起海量的卖家和丰富的产品品类，也包括家电和电子产品。但当时在淘宝平台上，产品质量参差不齐，物流交付也不够快速和稳定。

京东商城开始将家电产品放在线上售卖，追求产品丰富、价格实惠和体验好。不断地扩充品类、打价格战以及采用自建物流的系统打法，形成了自己独特的核心竞争力。

京东在产业价值链中的价值提升

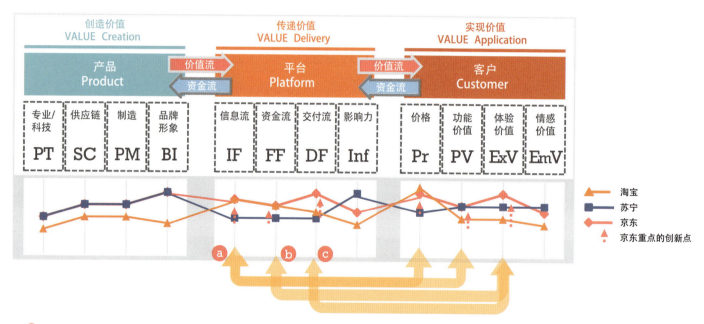

a 互联网平台借助其强大的信息互通能力，让买卖双方突破物理空间的限制降低了流通成本，从而大大提升了交易功能，降低了售价 》提升客户价格价值和功能价值

b 在线支付，方便了买卖双方 》提升客户体验价值

c 京东自建物流，大大提升了交付的快速便捷性，并确保了货物的安全、可追溯 》提升客户体验价值

| CC | 06 |

瓜子

♌ 狮子座：绝不认输，永不言败，大方而外露地开拓
商业模式12型之第06型

to C产业价值链
C to C 交易平台模式

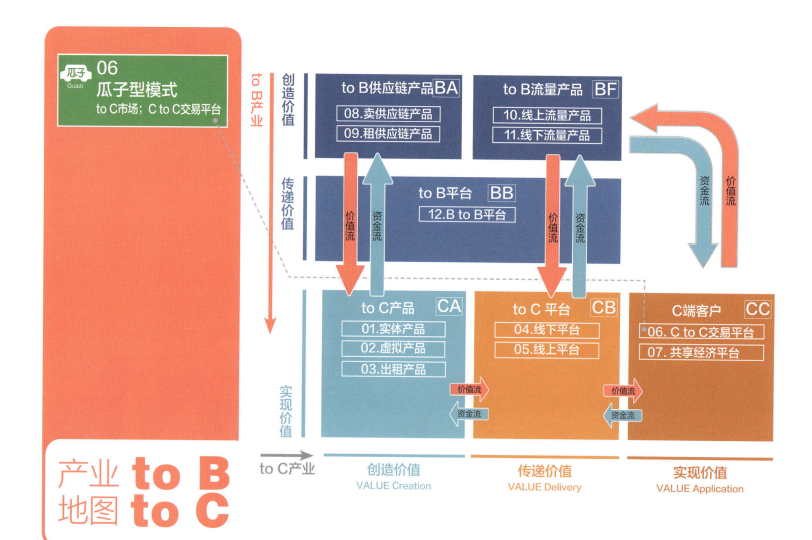

CC 价值定位CC：to C产业中的客户价值业态

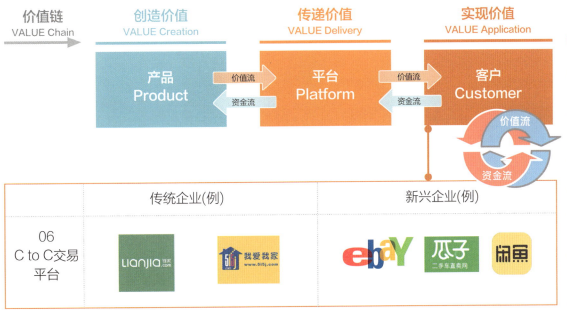

06. 瓜子模式（C to C交易平台）

瓜子型模式主要是指to C市场上C to C交易平台模式。它是一种通过平台的连接，个人用户把产品卖给个人用户的商业模式。

这种商业模式在古代比较盛行。随着工业革命的到来，个人生产者逐渐退出商业舞台，使得产品的供应方几乎都是企业。

随着人均GDP的增加，个人物品过剩的现象出现，为C to C交易模式提供了新的机会。各种二手商品的流通，就是在个人用户与个人用户之间完成的，从二手房、二手车到其他二手商品。

瓜子二手车商业模式的商业本质

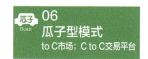

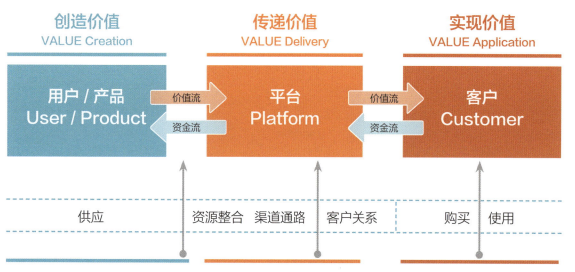

在to C产业价值链中，对客户价值业态（即C to C平台和共享经济平台）的价值链解析有特殊之处。这是因为提供产品的不是企业，而是C端个人用户。

在这条价值链中，C端用户是产业链的上游，也是产业链的下游，而这一业态的企业往往是对接交易平台，平台上的供应者和需求者都是个人用户。

但C to C平台本身也是产品提供者，因为个人卖家无法保证质量，通过供应给平台，由平台将其塑造成产品。

整合二手车卖家

应用广告推广、降低佣金等方式，吸引大批的二手车卖主。卖主可以通过互联网平台，直接发布卖车信息，在线上进行售卖。

交易平台，四大机制

瓜子二手车搭建起在线交易平台，建立了撮合机制、交付机制和信用机制，保证用户可以便利而放心地卖车和买车。交易达成后，平台收费大大低于传统二手车中介机构。

买二手车

客户通过平台找到和买到需要的二手车，其诉求要求便宜、方便、麻烦少、安全稳定。

瓜子二手车在产业价值链中的价值提升

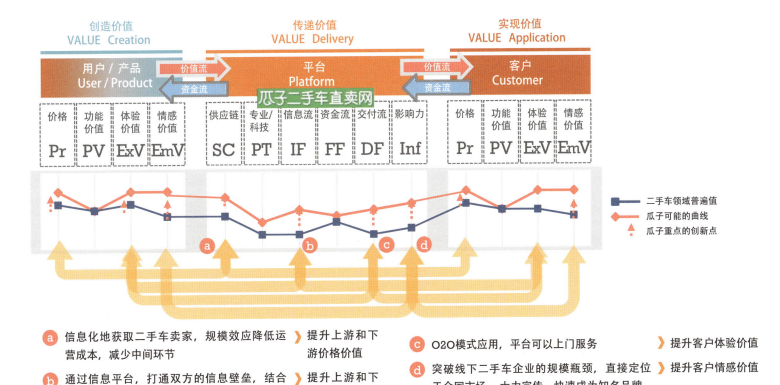

a 信息化地获取二手车卖家，规模效应降低运营成本，减少中间环节 》提升上游和下游价格价值

b 通过信息平台，打通双方的信息壁垒，结合一体化服务，提升用户体验 》提升上游和下游体验价值

c O2O模式应用，平台可以上门服务 》提升客户体验价值

d 突破线下二手车企业的规模瓶颈，直接定位于全国市场，大力宣传，快速成为知名品牌 》提升客户情感价值

[CC][07]

Ⅱ 双子座：永久的好奇心和创意，迎接着内外部世界的多变
商业模式12型之第07型

滴滴

to C产业价值链
共享经济模式

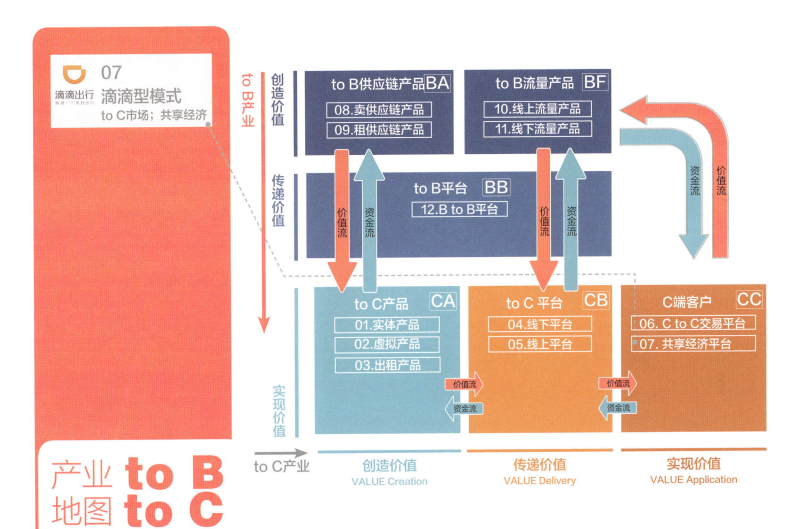

| CC | **价值定位CC：to C产业中的客户价值业态**

07 滴滴型模式
to C市场；共享经济

	传统企业(例)		新兴企业(例)		
07 共享经济平台	lianjia	我爱我家 5i5j.com	滴滴出行	airbnb 爱彼迎	UBER

07. 滴滴模式（共享经济平台）

滴滴型模式主要是指to C市场上的共享经济模式。如果按共享经济的狭义说法，供需双方都应该是个人，供方提供过剩的产能，需方在需要时临时租用，而双方的信息互通和达成交易则在互联网平台上完成。滴滴本身并不拥有车辆资产。

移动互联网放大了这种模式，使得这种人与人之间的散租模式可以随时、随地、随需。

滴滴商业模式的商业本质

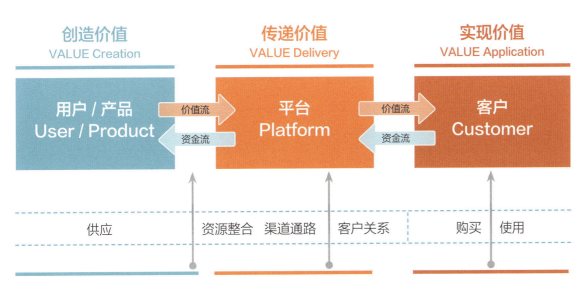

07 滴滴型模式
to C市场；共享经济

整合用户的过剩资源

个人的碎片化时间正在从不足走向过剩。物质过剩以及碎片化时间的不断增加，构成了今天分享经济时代的前提和背景。滴滴将过剩的驾驶员和车辆的时间，通过互联网整合起来，分享给需要的人。

交易平台，四大机制

滴滴搭建起共享经济平台，建立了撮合机制、动态价格机制、交付机制和信用机制，保证用户可以便利而放心地租用别人的驾车服务。

租用共享服务

客户要的共享经济服务，要便宜、方便、麻烦少、安全稳定。而滴滴所在的出行领域是最符合这几个条件的，所以它发展得最好。同样尝试共享经济的，如上门做饭、上门理发等，就不符合以上要求。

滴滴在产业价值链中的价值提升

07 滴滴出行
滴滴型模式
to C市场；共享经济

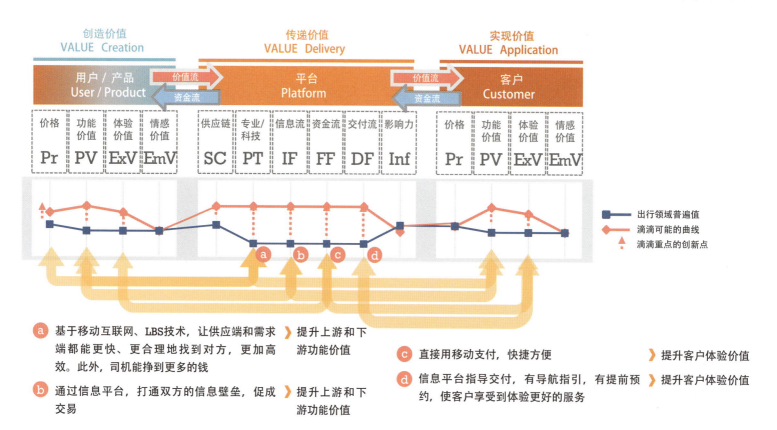

a 基于移动互联网、LBS技术，让供应端和需求端都能更快、更合理地找到对方，更加高效。此外，司机能挣到更多的钱 ▶ 提升上游和下游功能价值

b 通过信息平台，打通双方的信息壁垒，促成交易 ▶ 提升上游和下游功能价值

c 直接用移动支付，快捷方便 ▶ 提升客户体验价值

d 信息平台指导交付，有导航指引，有提前预约，使客户享受到体验更好的服务 ▶ 提升客户体验价值

| BA | 08 |

华为

♏ 天蝎座：狼性一词就足以说明
商业模式12型之第08型

to B产业价值链
卖供应链产品模式

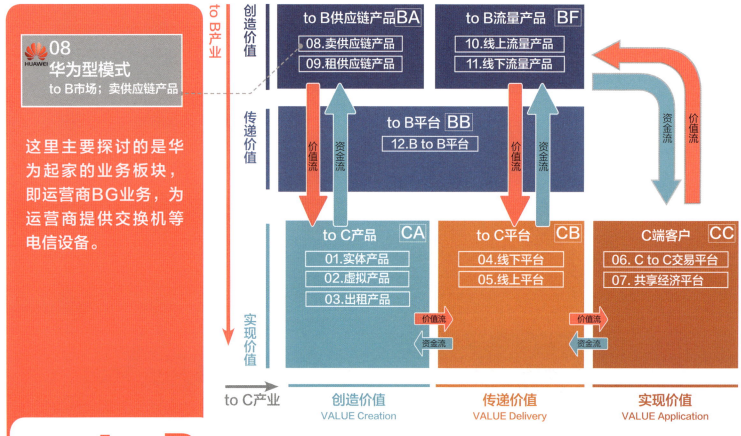

| BA | 价值定位BA：to B产业中的供应链产品业态

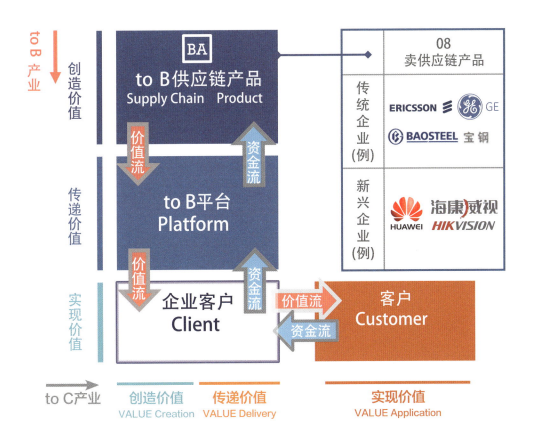

08. 华为模式（卖供应链产品）

华为型模式主要是指在to B市场上卖产品的业态。本书所探讨的主要是华为的发家业务，即做为电信运营商供应交换机等设备。华为的另一个业务板块——企业网业务也属于这一模式，但第三个板块——手机业务不属于这个产业和商业模式。

卖供应链产品的华为模式，是最常见也是最普遍的商业模式。中国有一半的上市公司都是这个业态，工业品企业、银行的对公业务、建工企业等。比如，通用电气卖给医院医疗设备，卖给电力公司发电设备；宝钢卖给汽车企业钢板；三一重工卖给施工单位挖掘机等。这些企业的客户是企业而不是个人，而它们对于其下游客户来说，就是供应链的一部分。

华为商业模式的商业本质

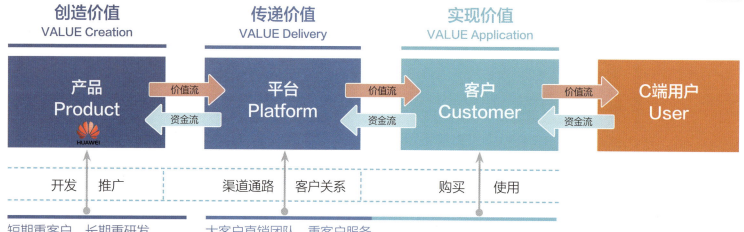

以市场和客户需求为导向,将产品设计得符合客户重点需求,且体现出高性价比,采用创新导向的人才激励机制。

从开始就重视研发和创新人才,采用集成产品开发流程(IPD),重视外部的成果引用与技术合作。

客户需求把握、客户关系维护、客户服务到位,是此类业态需要不断提升的。华为有专门的客户工程部门,把每个客户里的每一个相关的人都摸得很透,从各个方面考虑其综合需求。互联网讲体验,但是华为做的是照顾到客户企业里每个人的体验。各地的销售公司常与当地客户合资,形成共同利益。

华为发展中所面对的产业环境

华为在发展过程中，所面对的有跨国巨头，还有具有国家背景的本土企业

08 华为型模式
to B市场；卖供应链产品

国际巨头
爱立信、阿朗、西门子、北电等

本土强手
巨龙、大唐、中兴

华为
唯一的纯粹的民营企业

国际巨头具有较强的技术实力和研发基础，并且有很强的品牌优势。但是，国际巨头内部成本高、产品售价高，而且它们对中国客户的服务不够好，反应慢，不理解中国国情。

巨龙、大唐都有国资背景，当年曾盛极一时，而中兴是混合所有制。这几家公司在打造市场的竞争力时，忽略了对产品研发的投入。

华为作为一家无背景、无资源、缺资本的民营企业，必须闯出一条属于自己的突围之路。华为建立起了低成本、客户关系、研发能力等核心优势。

华为在产业价值链中的价值提升

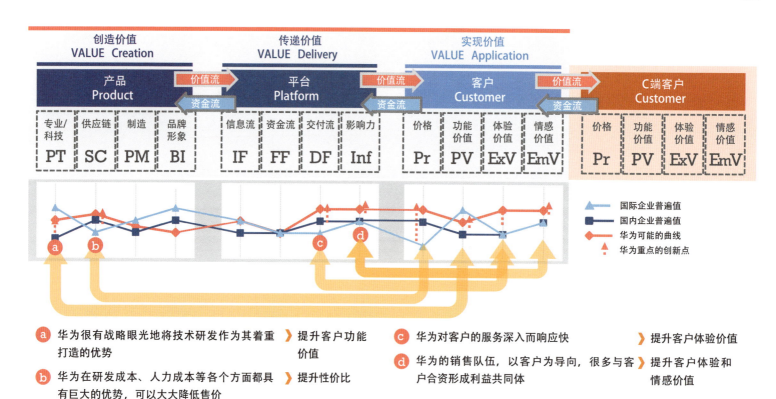

阿里云

♍ 处女座：永远保持谦虚和谨慎，永远保持敏锐和危机感，永不放弃
商业模式12型之第09型

to B产业价值链
租供应链产品模式

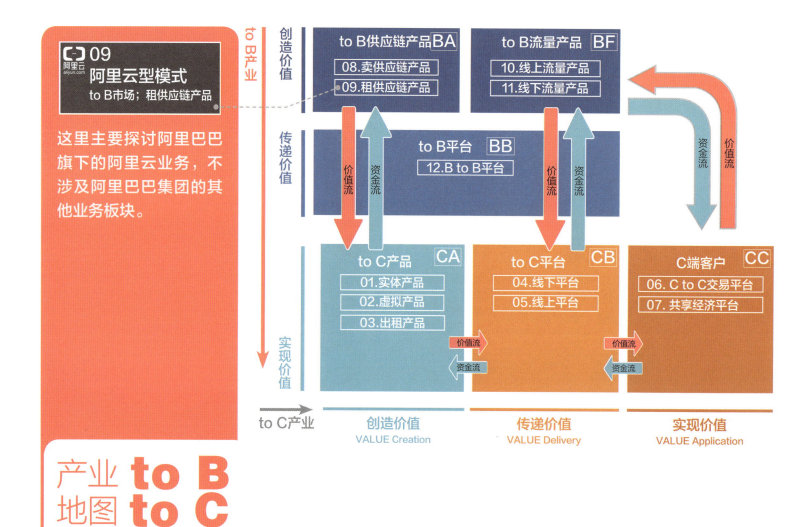

| BA | 价值定位BA：to B产业中的供应链产品业态

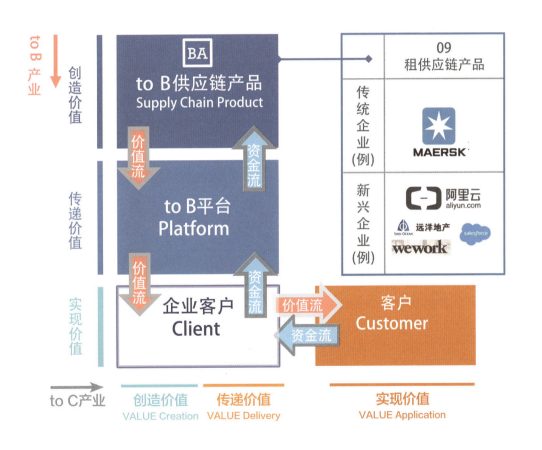

09. 阿里云模式（租供应链产品）

这里，阿里云型模式主要是指to B市场上租供应链产品的业态。从本质上讲，这个模式并不新，比如现在像波音这样的飞机制造企业，提供给航空公司的飞机，大部分都是出租的。租能摊薄客户一次性投入，实现客户用多少就付多少钱的价值诉求。

有了互联网之后，更多的产品可以用于出租。这就出现了以出租为核心的各种XaaS，主要是SaaS、PaaS、IaaS。总之，无论是服务器、操作平台还是软件，统统不用购买，而是根据需要租用就可以了，而且所租的东西都不需要拿回来，直接放在云端。这样便降低了创新创业成本，解放了中小型企业的成本负担。

阿里云商业模式的商业本质

09 阿里云型模式
to B市场；租供应链产品

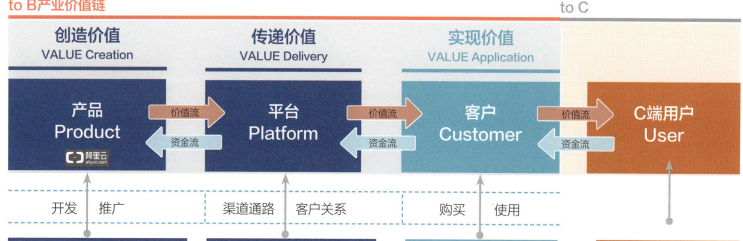

建计算设施，分租给客户

阿里云构建了硬件计算中心，并搭建了飞天大规模分布式云计算平台，提供大规模计算和存储服务。

客户不需要购买计算设备和软件，只需从阿里云租用计算能力和存储空间。计算能力的规模效益，可以为客户节省投入。

渠道合作

阿里云模式，首选的客户是中小企业。因为它们相对分散，所以阿里云必须采用广泛的渠道合作方式，来销售产品。

低成本、高灵活地使用

客户不需要一次性大规模地投入，而是按需获取，降低门槛（资金、技术、时间……）

使计算成为像水、电一样的社会公共基础设施。

间接影响下游用户

由于客户成本低、上手快、调用资源灵活，下游用户可能会得到更便宜、更好用、更稳定的产品或服务。

阿里云发展中所面对的产业环境

阿里云在发展过程中所面对的是计算设备软、硬件的各路豪强

09 阿里云型模式
to B市场；租供应链产品

卖计算系统
硬件服务器、操作系统等软件

在这种方式下，各IT、互联网公司需要自己购买服务器设备，甚至自建计算中心。设备提供商为需求方提供相应的产品，这些产品单价较高、需要大规模的前期投资；对于客户来说，他们按应用而非按需要分配IT资源；这常属于阶段性业务需求，设备大部分时间闲置；这种方式处理突发需求不灵活，资源获取周期长。

租计算系统
云计算、SaaS、PaaS、IaaS

向客户出租计算系统日渐兴起。弹性计算和计量、软件定义技术带来的自动化与资源整合以及开源技术的成熟带来的规模效应，大幅降低了运营商的成本和服务能力，使得按使用付费以及付费模式的多样化成为可能，小公司则可以在IT资源方面与大公司处于相同的起跑线上。

阿里云在产业价值链中的价值提升

09 阿里云型模式
to B市场；租供应链产品

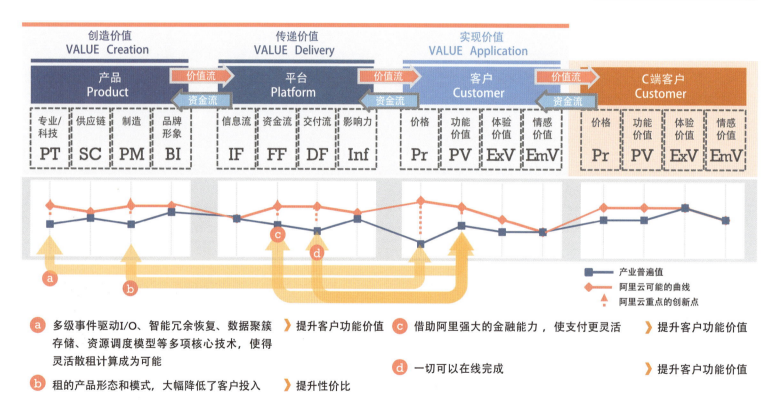

a 多级事件驱动I/O、智能冗余恢复、数据聚簇存储、资源调度模型等多项核心技术，使得灵活散租计算成为可能 〉提升客户功能价值

b 租的产品形态和模式，大幅降低了客户投入 〉提升性价比

c 借助阿里强大的金融能力，使支付更灵活 〉提升客户功能价值

d 一切可以在线完成 〉提升客户功能价值

百度

BF 10

摩羯座：做好一件事情——搜索，现在要做第二件事——AI

商业模式12型之第10型

to B产业价值链
线上流量产品模式

10 百度式业态

to B市场；线上流量产品

这里主要探讨百度早期的商业模式，看百度从默默无闻到成为巨头的商业模式创新的秘密。

产业地图 to B / to C

to B产业

to B供应链产品 BA
- 08.卖供应链产品
- 09.租供应链产品

to B流量产品 BF
- 10.线上流量产品
- 11.线下流量产品

to B平台 BB
- 12.B to B平台

to C产业

to C产品 CA
- 01.实体产品
- 02.虚拟产品
- 03.出租产品

to C平台 CB
- 04.线下平台
- 05.线上平台

C端客户 CC
- 06. C to C交易平台
- 07. 共享经济平台

创造价值 VALUE Creation | 传递价值 VALUE Delivery | 实现价值 VALUE Application

价值定位BF：to B产业中的线上流量产品业态

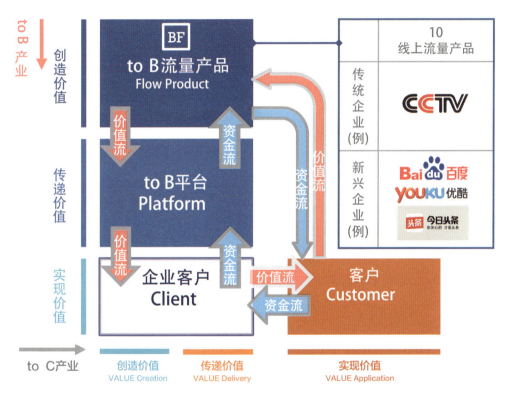

10. 百度模式（线上流量产品）

百度型商业模式主要是指to B市场上流量产品的业态。企业端需求主要有两个：一个是需要供应链，帮助自己生产产品；另一个是流量，帮助自己卖出产品。百度型模式就是给B端客户提供流量产品，从而挣得收入。

其实，这个商业模式领域才是互联网公司的重地。大部分互联网公司的业态，就是生产流量，然后将流量卖给企业客户。生产流量的方式有不同种类：百度靠搜索，腾讯靠社交，优酷靠视频，新浪靠微博，今日头条靠新闻。这种业态并不是从互联网开始的，早年的纸媒、电视都是如此。

很多人认为互联网公司都是to C产品市场，实际上不是。对于这些互联网公司来说，用户不是它们的客户，而是原料生产者，也就是价值链的上游。资金流也是反过来的，也就是说互联网公司本质上是给用户资金，因为让用户免费使用相当于给用户钱，更不用说在很多情况下还倒贴钱。

百度商业模式的商业本质

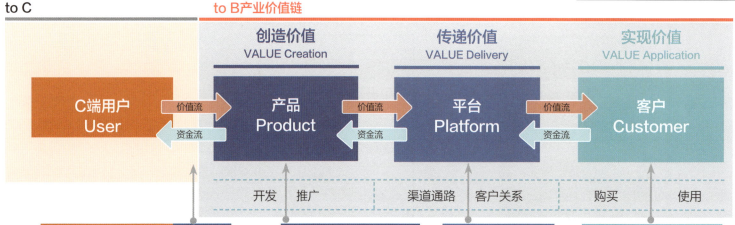

搜索应用，获取流量

百度开发了搜索引擎，帮助用户搜索得到想要的信息结果，这是一个高频率、强需求的应用场景。

因为用户可以免费使用，这就降低了使用门槛，从而使用户数量快速增长，聚集了海量用户。

打包流量，形成广告产品

将海量的用户流量整理打包后，形成不同效能的广告推广产品，包括竞价排名、火爆地带、图片推广、品牌专区、网络广告等。

先分销，后直销

为了推给B端客户，百度也是采用代理商分销的渠道方式。

后来，百度有了品牌之后，开始针对KA大客户采用直销队伍。

导流，推广

客户使用百度的流量产品，可以在线获得流量，使企业与潜在消费者建立连接，从而推广自身企业和产品。

百度发展中所面对的产业环境

百度在to B流量产品的产业中，所面对的不仅仅是搜索引擎，更厉害的是其他的流量企业

传统媒体
电视、广播、纸媒

互联网公司
门户网站、论坛、邮箱

搜索引擎
Google、Yahoo

在百度的发展阶段，传统媒体仍然有很强的流量控制力，尤其是以中央电视台为核心的电视系统。央视每年的标王，都是以巨资买断央视黄金时间的广告档产品。其他传统媒体也有一定的市场。

百货式的门户网站，当时还是互联网的主流，三大门户网站也是最早崛起的互联网巨头。此外，各种论坛、BBS网站也正是红火之际。然而，百货式的展示的不便，也预示了存在颠覆的机会。

搜索引擎当时刚刚开始崭露头角，还没有被大家看成一种颠覆性的创新和商业模式。再加之搜索引擎对技术的要求较高，除了以此起家的Google，也只有少数的互联网公司在做，比如Yahoo。

百度在产业价值链中的价值提升

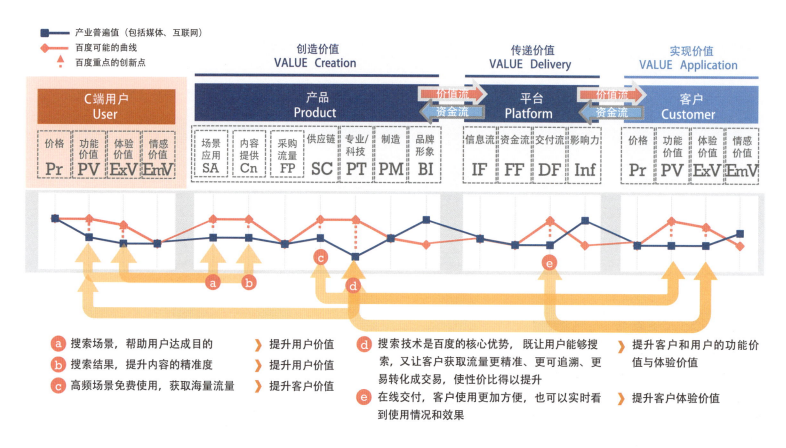

ⓐ 搜索场景，帮助用户达成目的　〉提升用户价值
ⓑ 搜索结果，提升内容的精准度　〉提升用户价值
ⓒ 高频场景免费使用，获取海量流量　〉提升客户价值
ⓓ 搜索技术是百度的核心优势，既让用户能够搜索，又让客户获取流量更精准、更可追溯、更易转化成交易，使性价比得以提升　〉提升客户和用户的功能价值与体验价值
ⓔ 在线交付，客户使用更加方便，也可以实时看到使用情况和效果　〉提升客户体验价值

02 商业模式创新十二宫　113

BF　11

♓ 双鱼座：直觉、想象力、创造力，一个奇思妙想成就了一家上市公司
商业模式12型之第11型

分众

to B产业价值链
线下流量产品模式

创新模式十二宫

11 分众型模式
FOCUS Media 分众传媒
to B 市场；线下流量产品

产业地图 to B / to C

	创造价值 VALUE Creation	传递价值 VALUE Delivery	实现价值 VALUE Application
to B 产业	to B 供应链产品 [BA] 08. 卖供应链产品 09. 租供应链产品	to B 流量产品 [BF] 10. 线上流量产品 11. 线下流量产品	
	to B 平台 [BB] 12. B to B 平台		
to C 产业	to C 产品 [CA] 01. 实体产品 02. 虚拟产品 03. 出租产品	to C 平台 [CB] 04. 线下平台 05. 线上平台	C 端客户 [CC] 06. C to C 交易平台 07. 共享经济平台

价值流 / 资金流

BF 价值定位BF：to B产业中的线下流量产品业态

11 分众型模式
to B市场；线下流量产品

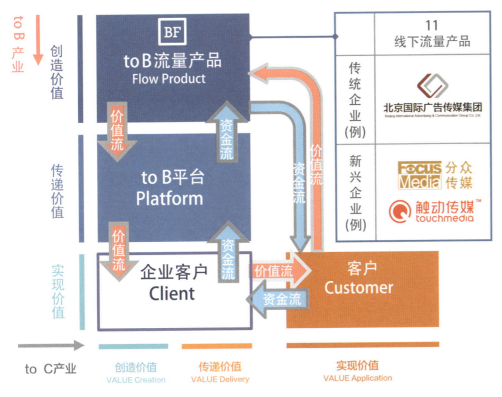

11. 分众传媒模式（线下流量产品）

这里，分众传媒型模式主要是指to B市场上线下流量产品的业态。企业为客户提供线下流量的产品，并从中取得收入。分众利用了电梯这一场景和用户流量，打造了电梯广告的业务。

另外，从本质上讲，很多商业地产也是这个模式。以万达为例，万达通过对万达广场的经营，吸引了大量的客流，然后把客流以租金的形式卖给商家。类似的业态还包括机场，机场吸引了客流，然后将客流卖给航空公司，收取停机位租金，还可以卖给品牌商，收取铺位租金和广告费。

分众传媒商业模式的商业本质

11 分众型模式
to B 市场；线下流量产品

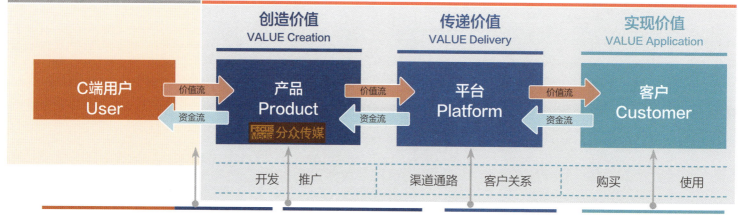

抓准楼宇电梯场景，获取流量

楼宇电梯，被认为是最为优质的线下流量场景。一方面，它是人们的必经之处，流量基数够大，频次够高；另一方面，等电梯比看广告更无聊，所以广告的收看率较高。

一次铺设设备，后面可以长期重复利用，长尾效应也很好。

打包流量，形成广告产品

将楼宇电梯的用户流量整理打包后，形成针对不同人群的广告推广产品。比如，白领人群的广告主要投放于写字楼；居家人群的广告投放于住宅区。

直销加分销

为了推给 B 端客户，分众传媒有自己的销售队伍，同时在全国各地都有广告代理商。

推广品牌和产品

客户使用分众传媒的广告产品，相比较而言，其流量质量比传统媒体要优质和精准很多。

分众传媒发展中所面对的产业环境

分众在其创新发展阶段，面对的产业环境还很传统，它抓住了中国大建设、电梯大发展的窗口

11 分众型模式
to B市场；线下流量产品

传统媒体
电视、广播、纸媒

线下广告
户外、户内

楼宇广告
分众传媒的创新

传统媒体仍然有很强的流量控制力，尤其是以中央电视台为核心的电视系统。然而，电视广告价格高昂，并且其投放人群难以控制，效果无法衡量。

线下实体有很多广告位产品，一般指有较大人流量的场景。然而，这些广告虽然价格不太高，但是吸引人观看的效果比较差。人们往往一掠而过，不看广告。

广告播放设备安放在电梯口，滚动循环播出，每天精准到达超过2亿名白领、金领及商务人士。这样做既有人流量，又能实现较好的吸引观看的效果。

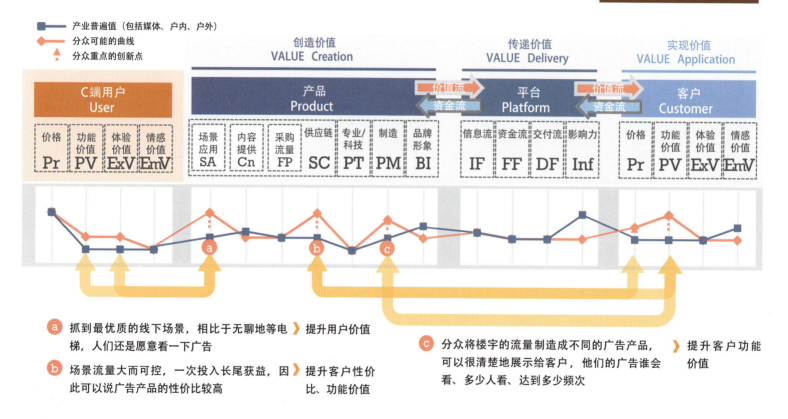

| BB | 12 |

♎ 天秤座：具备平衡和洞察力，做产业中的价值革新者
商业模式12型之第12型

找钢网

to B产业价值链
B to B平台模式

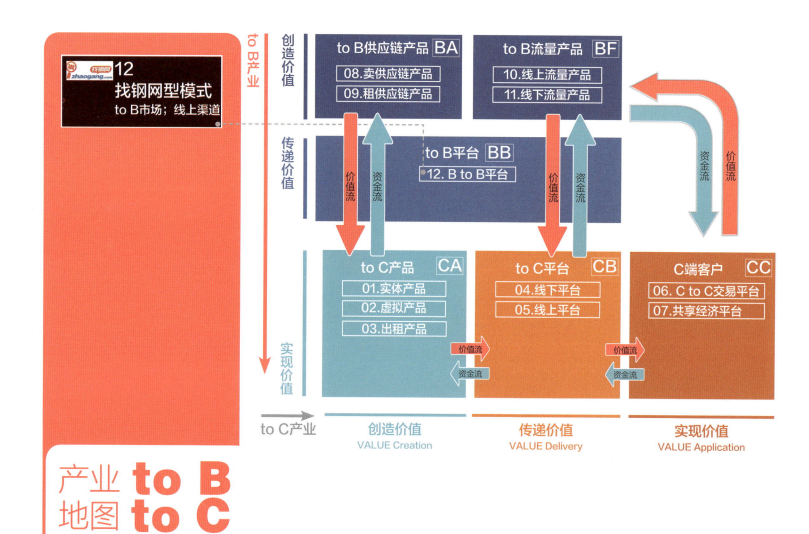

价值定位BB：to B产业中的B to B平台业态

12 找钢网型模式
to B市场；线上渠道

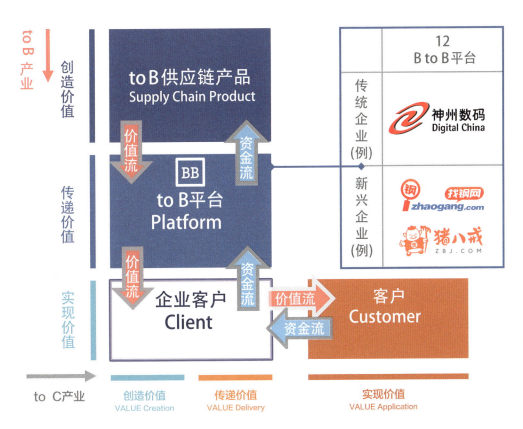

12. 找钢网模式（B to B平台）

这里，找钢网型模式主要是指to B平台、B to B平台的业态。找钢网撮合交易量大，但找钢网的盈利点不在撮合交易，而在自营业务及后续的物流、加工、金融这些比较小的领域——互联网企业创造的价值体现在这里，而不在账面上的交易量。

互联网企业信奉的原则是"先创造价值，再来谈利益"。找钢网创造了找钢模式，该模式一定会有一个平台，这个平台引来商户之间的交易，然后通过优化商户之间的供应链，提供顺其自然的一体化服务。一体化服务包含仓储、加工、物流、金融等，最后平台+ 一体化服务来为使用者创造价值、优化价值、分享价值。

找钢网商业模式的商业本质

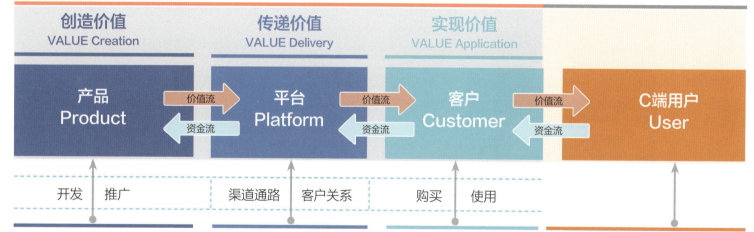

报价代销，与钢厂合作

钢厂产能过剩，库存积压，代理商破产。找钢网采用保价代销模式，帮钢厂从批发转向零售。

以大数据帮助上游钢厂更合理地经营生产。

全产业链电商，综合服务

线上交易平台，撮合钢材买卖双方；减少多级代理商和中间商，提升效率。

钢铁贸易中的各项需求都被满足了。找钢网推出胖猫白条来做供应链金融，还提供仓储、物流、加工、出口等服务。

简化采购，一站解决

客户通过找钢网，摆脱了以往复杂的询价-比价-议价-锁货等十几个步骤的操作。采购过程更加简单，采购信息更加通畅，所需服务更有保障。

找钢网发展中所面对的产业环境

找钢网在其创新发展阶段，面对的产业环境还很传统，从钢厂到终端客户中间层数很多

12 找钢网型模式
to B市场；线上渠道

钢厂
产品企业

多级代理商
代理商、库存商

中间商
小型中介

服务商
次终端，小微钢贸商

客户
用钢企业

钢贸领域的批发代理，以批发价从钢厂出货，再分销给下游的经销商。近年来，由于供给过剩、钢价下跌，代理商的日子很不好过。

中国有30多万个中间商，他们规模较小，从大代理商手里取得货源，再销往下游。

服务商为终端用户提供个性化服务，如加工、配送、垫资等。服务商一般规模较小，话语权较弱。

找钢网在产业价值链中的价值提升

12 找钢网型模式
to B市场；线上渠道

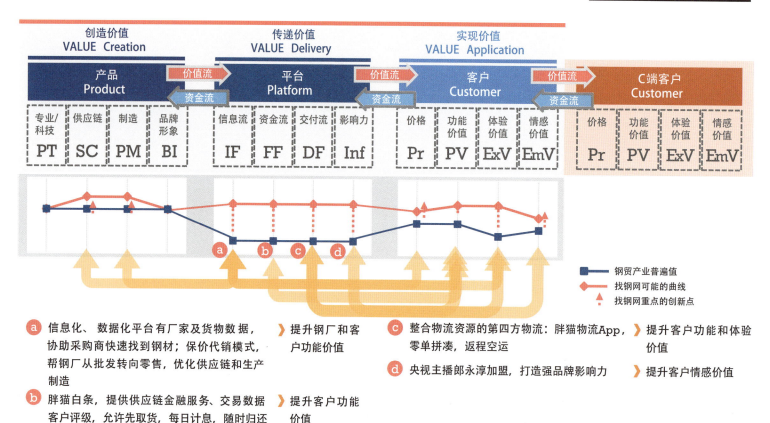

a 信息化、数据化平台有厂家及货物数据，协助采购商快速找到钢材；保价代销模式，帮钢厂从批发转向零售，优化供应链和生产制造 ▶ 提升钢厂和客户功能价值

b 胖猫白条，提供供应链金融服务、交易数据客户评级，允许先取货，每日计息，随时归还 ▶ 提升客户功能价值

c 整合物流资源的第四方物流：胖猫物流App，零单拼凑，返程空运 ▶ 提升客户功能和体验价值

d 央视主播郎永淳加盟，打造强品牌影响力 ▶ 提升客户情感价值

最后，这12种商业模式都可以被理解为一种商业模式单元，而同一家企业可以有多种商业模式的组合。

当今，我们在研究商业模式时，听到的横向整合、纵向整合、单边、多边等说法，其实都是这12种商业模式的组合。

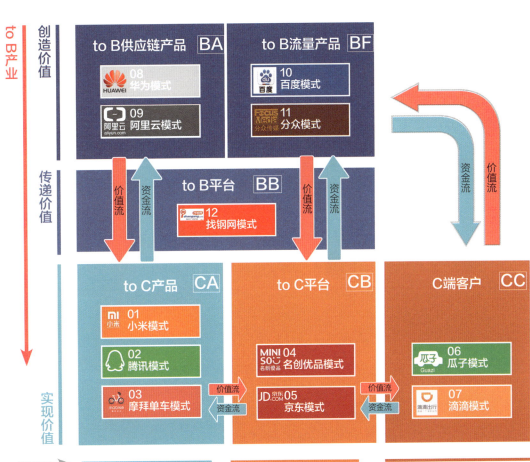

03
价值：创新的需求
FINDING THE TRENDS AND CHANCES OF INNOVATION

创新从哪里来？客户需求

客户需求导向是创新的方向，否则就是伪创新

客户需求的根本

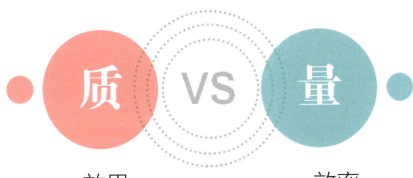

效果
功能、性能、质量、风险、效益

效率
产能、产量、速度、流程、成本

质的需求，即"效果"的
需求，包括：
功能，能实现什么用处
性能，更好地实现用处
质量，合格无问题
风险，会有哪些不确定
效益，能够帮助企业增加收入

客户需求的本质在于对企业及其产品和服务两大方面的诉求，分别是质的需求和量的需求。

量的需求，即"效率"的
需求，包括：
产能，怎样制造出来
产量，生产的数量
速度，怎样的速度和周期
流程，多少环节步骤
成本，能够帮助企业节省成本

客户价值的需求

在产业价值链中,客户实现价值的部分,就是客户需求的体现。

其中,价格(Pr)体现了"量"的本质。企业经营的效率部分决定了能够为客户提供怎样的价格,以及能够获得如何的价格优势。

另外,功能价值(PV)和体验价值(ExV)体现了"质"的本质。企业创造的效果,决定了其能够为客户提供怎样的质,以及能够获得的差异化优势。

以上两者结合在一起,就是客户所关注的性价比。

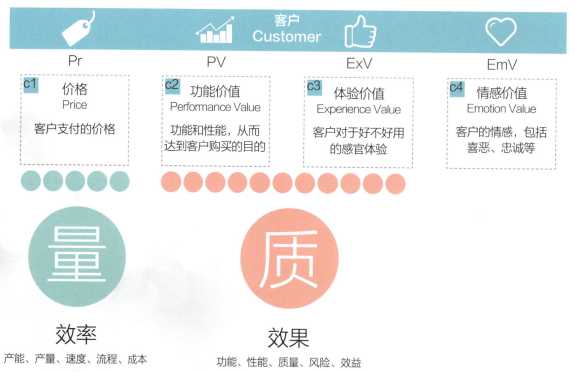

03 价值：创新的需求   131

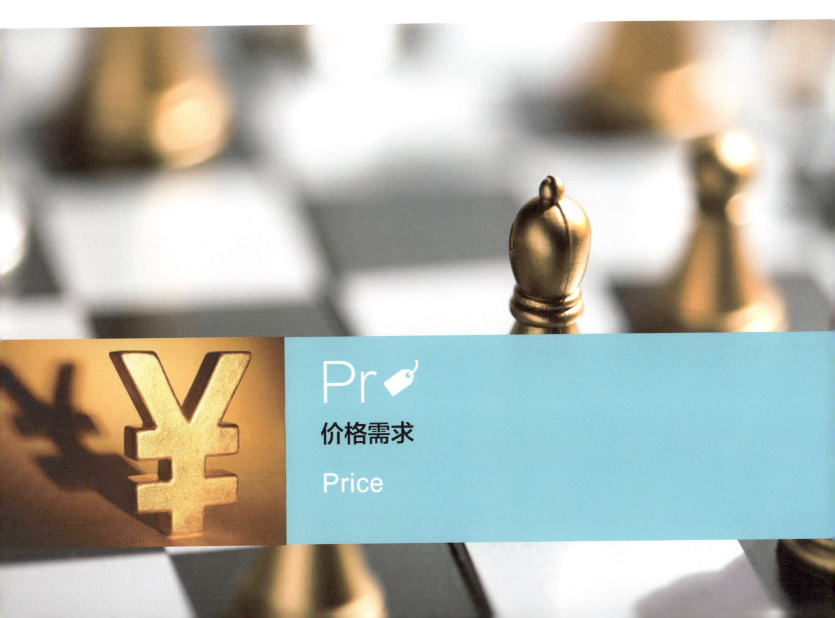

Pr🏷

价格需求

Price

客户买单及支付价格的方式

 c1 价格 Price
客户支付的价格

资产销售（asset sale）

最普遍的买单就是产品的所有权出售。产品可以是实体的，也可以是虚拟的。消费者支付价格并购买后，可以自由使用、转卖、丢弃甚至毁坏。例如，消费者从奥迪经销商处买车、从京东买家电、从万科买房子，消费者支付的都是产品的资产价格。

租赁（lending/renting/leasing）

将某一特定资产在某一个时期专门供给客户使用并收取一定费用。对于出租者而言，这种做法提供的是经常性、持续性的收入。同时对于租赁者而言，只需要承担一个限定时间内的费用而无须承担整个所有权所需要的高成本。

例如，使用者租房、租车就是典型的租赁。另外，向银行借贷本质上也是租赁，只不过租赁的是资金，而租金就是利息。

渠道佣金（channel fee）

很多企业或个人为买卖双方或多方提供中介服务，也就是渠道。中介会收取中介费。

例如，房产中介或房产经纪人会从每次房产交易中收取佣金。再比如，美国的明星经纪人，都会从明星的每笔演艺合同中抽取佣金。

服务使用费（usage fee）

客户对某种具体服务的使用，会产生服务费。一般来说，对该服务使用得越多，客户需支付的就越多。在服务中，不存在资产的转移。

比如，电信运营商根据客户通话的时长来收费；快递公司向客户征收每个包裹的费用，并以传递里程、重量来计费。

会员费（subscription fee）

客户对某项服务持续使用，并进行整体支付，从而达到单价优惠的效果。

例如，健身房向消费者提供的年卡，还有美发中心提供的套餐卡。

许可使用费（licensing）

产权方授予使用者某种受保护的知识产权的使用权，并向其收取许可使用费。许可使用费本质上就是对知识产权或其他虚拟产权的租赁。被授权方也没有获得该产权，而只有使用权。

例如，在科技产业中，使用别人的技术专利，就要支付专利许可费，其中最有代表性的就是高通。

再比如，在娱乐传媒行业中，很多影视剧（如《人民的名义》）都需要给原著支付知识产权的许可费。

在广告业中，找明星代言，即明星同意商家使用其形象，也要支付给明星代言费用，这也是一种许可使用费。

Pr 价格需求

价格承受性
Affordability

找到客户对价格的诉求，力求让更多的客户能够接受：

- 顾客心目中预期的花费是多少？
- 如何在不牺牲顾客关注的价值的条件下降低成本？

客户对价格的需求，有以下几种方向

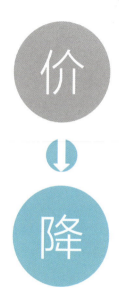

价格下降

在功能和性能不变的情况下，价格一定会呈下降的走势。企业需要考虑如何提升效率、减少浪费，来取得价格上的竞争优势。

从购买到租赁

使用未必拥有。如果能够租用，就不需要一次性付出高额的资产费用，大大降低了支付价格，比如，从购买服务器到使用云服务租服务器。

Pr 价格需求

客户对价格的需求，有以下几种方向

从服务费到会员费

从单次的服务收费，到打包收取会员费，整体上降低了每一次服务的价格，同时避免了一次次支付的麻烦。比如，中国移动从原来的按用量收费到提供了套餐。

从佣金到服务费

纯中介的价值越来越受到挑战，客户更加希望中介不收费，而只是对所享受到的增值服务支付服务费。比如，猪八戒网放弃交易佣金，转而从大数据服务中收费。

从整体到零散

客户越来越倾向于只为自己用到的部分付费。例如，有了iTunes之后，客户只需要买单曲而非专辑；有了共享经济之后，只需要散租而非整租。

PV

功能价值的来源

Performance Value

PV

c2 **功能价值**
Performance Value

功能和性能，从而达到让客户购买的目的

效果

七大要素判断功能价值

功能价值的需求，可以从如下几方面来思考：

ExV 👍
体验价值的来源
Experience Value

案例：智能电视遥控器

你是否有这样的体验：到一家酒店，想看电视，却要花时间先研究一番遥控器。几十个按钮，真正有用的不超过10个。

互联网时代，很多智能电视的遥控器采用了大大简化的风格，突出用户最常用的几个按键。虽然功能并没有更好，但体验大大提升。

把完整的QWERTY电脑键盘和导航面板整合在一个遥控器上，真的好吗？有70多个按键，问题是你要对着电视打多少字？

从价值创新开始——价值三角

体验价值（负向感知）

客户对体验价值的感知往往是负面的。体验好感知不明显，但是体验不好却感知明显，扣分严重。

功能价值（正向感知）

客户对功能价值的感知往往是正面的。功能、性能的增加，会让客户的价值提升。

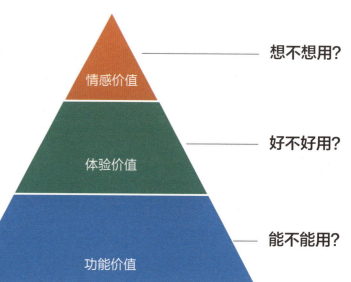

c3	**体验价值**
	Experience Value

客户对于好不好用的感官体验

效果

体验价值的需求

体验价值的需求，可以从如下几方面来思考：

客户价值中的价值盘点
VALUE Application

Pr 价格 Price	**PV** 功能价值 Performance Value	**ExV** 体验价值 Experience Value
价格承受性 Affordability 顾客心目中预期的花费是多少？ 如何在不牺牲顾客关注的价值的条件下降低成本？	**性能** Performability 什么性能是最重要、最具有价值的 如何定义和衡量 **特色** Featureability 是否有超过基本价值和需求的特性能满足客户需要但还没有得到的需求 是否有差异于竞争对手的特性 **交付性** Deliverability 能否及时交付 如何解构产品，保证我们能cover顾客需求的高峰 **易用性** Useability 顾客能否既快又容易地安装、学习和使用 **维护性** Maintainability 我们如何让我们的产品更容易维修或减少消耗部件的花费 **可靠性** Durability 如何让产品能最大程度地兼容各种人和环境 **安全性** Safety 是否存在风险性，并需要风控 是否有需要监控、预防、说明的潜在危险	**复杂性** Complexity 无论是在生产中还是在客户使用中，获得价值之前是否需要很多"动作" **精确性** Precision 无论是在生产中还是在客户使用中，是否需要用到能力的极限 **不确定性** Variability 难以控制可能性 **敏感性** Sensitivity 是否容易出现故障 **不成熟性** Immaturity 只能应用在一些特定的情况下 **高技能** High Skill 是否需要高水平的培训 **形象** Imageability 外观形象是否美观 让顾客以拥有和使用我们的产品为荣

客户价值中的价值盘点
VALUE Application

EmV 👍

情感价值的来源

Emotion Value

客户价值中的感性需求

在客户对价值的需求中,情感价值不同于前面几种,其更加注重人的感性。

情感价值是指通过产品的提供使顾客产生愉悦等积极情感,从而使顾客觉得从产品中获得了那部分价值。情感价值链是指营销各环节运用情感因素创造价值的过程。

情感价值

"情感"积累到一定程度必将能提升为价值。此外,这种价值更能经受得起持久的市场竞争考验。只有形成了"情感价值"连接,才能让企业焕发出难以被模仿与复制的核心竞争力。

情感价值可以追溯到1977年 G. L.肖斯塔克(G.Lynn Shostack)在美国《市场营销杂志》(*Journal of Marketing*)上提出的服务营销(Services Marketing),情感价值由此开始受到学界和业界的关注。情感价值链的研究在发达国家已经成为一种潮流。特别是一对一营销和CRM的兴起,使情感价值链对于品牌和营销的意义受到更广泛的关注。

英国营销学者彼得·查维顿(Peter Cheverton)将克兰菲尔德大学的研究成果应用到他所从事的大客户咨询工作中,获得了巨大成功。他认为,客户不再是抽象意义上的产品和服务消费组织,而是一个个特征鲜明、情感丰富的个体集合。大客户的忠诚度是从以下两个层面实现的:其一,满足企业的物质需要;其二,满足个人的情感需要。只有精确地掌握客户成员的特点、需求、情感,并高效地设计和执行精确的行动策略,使采购人员与销售人员之间的个人情感达到一定水平,才能使客户忠诚成为一种非常自然的现象。

感性

六大要素判断情感价值

EmV

c4 **情感价值**
Emotion Value

客户的情感，包括喜恶、忠诚等

感性

效果

情感价值的需求，可以从如下几方面来思考：

人群归属感 sense of belonging

舆论认同感 public identity

流行认同感 popular identity

权威认同感 authority identity

人际情感 interpersonal emotion

兴趣与乐趣 interest & fun

作者实操案例

神州鹰,2012年《创新中国》全国总冠军,其平台产品"掌通家园"打造了互联网+幼教的生态圈。公司两年4轮融资,资金规模达5亿元,投资人不乏汪潮涌、徐小平等大咖,董事俞敏洪称赞其为顶级的商业模式。

幼儿园领域的"鹰眼",为B端、C端增值分析

神州鹰以远程幼儿安防监控切入幼教市场,打造国内最大的"内容+技术"幼教平台

随着移动互联网的发展、家庭消费水平的提高、二孩政策的全面放开,以及80后、90后父母对孩子教育的重视,互联网+幼教行业迎来人口红利与新一轮的变革机会,千亿级别的市场前景使得幼教市场成为各大资本"掘金"的另一块"宝地",神州鹰借机切入该市场。

虽然需求旺盛,但是幼儿园市场存在着大范围的供给问题。其核心在于幼师素质参差不齐,幼儿园普遍封闭落后,家长与幼儿园、幼师之间缺乏及时沟通和信任,加之"虐童事件"屡次曝光,行业急需信息化和透明化。

神州鹰结合自己的技术优势,借势研发出"掌通家园"。这是一款连接父母、幼师的家园共育互动App,最早的功能切入点是帮家长通过手机随时查看孩子在幼儿园的实时情况,应用视频直播。基于创始人叶荏苒所拥有的专利技术,使得无论是2G、3G还是4G的移动网络,家长都能流畅地观看孩子的视频。

随着其不断地迭代发展,"掌通家园"逐渐扩展成为幼教管理平台。这个平台汇集了通知活动、刷卡签到、宝宝视频、代接确认、成长档案、班级相册、校园新闻、宝宝课程等18大功能。

掌通家园B2B2C商业模式

向B端免费提供：通知、签到代接、本地监控、班级相册、招生CRM、老师绩效管理、学费代收。

向C端免费提供：一对一交流、家庭相册、育儿知识、儿歌学堂，其中远程视频、签到为增值服务。

掌通家园的B2B2C商业模式

主要从民办幼儿园入手打造"互联网+幼教行业"生态圈。

技术产品B2B

为学校在教室中免费安装摄像头,家长与教师间形成互动,主要有签到、课程表、通知、请假、食谱等常规家校互动功能。
变现方式:对B端幼教机构,以成本价交易。

内容平台B2B

主要引入第三方机构和教育专家,通过发布原创内容、问答以及社区互动的形式,沉淀了大量有价值的内容,是未来的盈利点。

对C端家长的技术产品B2C

变现方式:主要以视频变现为主(视频为孩子每学期在校情况的实时视频)。

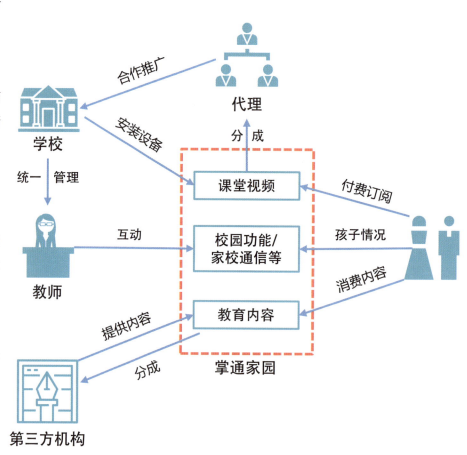

掌通家园App下载量及月活分析

截至2017年6月，掌通家园已经覆盖全国50 666所幼儿园，拥有120万个付费账号。平均每天新增100所幼儿园，园丁端每天20万日活用户，家长端每天200万日活用户，共服务过100万幼师、1000万幼儿、2000万家长。

从右侧两张图可以看出：
截至2017年10月19日，ASO100显示掌通家园的安卓端下载量已突破3500万。截至2017年9月，艾瑞App指数显示，掌通家园产品的月均活跃数超过1300万，且一年来一直保持增长。

此外，在总排行榜中，掌通家园位列"教育工具"类产品第三位，在家校互动这一细分领域中排名第一。

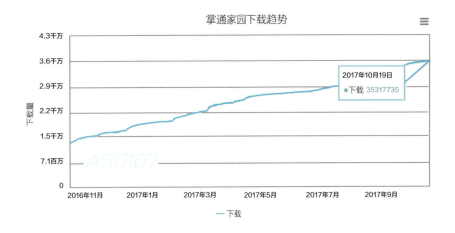

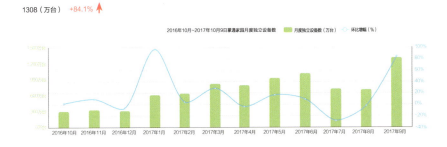

掌通家园在客户价值中的价值盘点

从盘点结果来看，B端价值在功能上较为突出，C端价值在情感上较为突出。
产品的视频功能和强劲的代理商体系，是掌通家园前一个阶段取得很好成绩的主要优势。
未来将更多地提升体验价值，加深黏性和活跃度。

⊕ 做的出色的价值提升

to B

功能价值 Performance Value		体验价值 Experience Value		情感价值 Emotion Value	
⊕ 性能 Performability	通过视频服务，可以帮助幼儿园增加收入	复杂性 Complexity		人群归属感 sense of belonging	
特色 Featureability		精确性 Precision		⊕ 舆论认同感 public identity	助力幼儿健康发展，提高幼教的透明度
⊕ 交付性 Deliverability	广大代理商，上门服务，免费安装摄像头等硬件	不确定性 Variability		流行认同感 popular identity	
易用性 Useability		敏感性 Sensitivity		权威认同感 authority identity	俞敏洪、徐小平和新东方等都为其投资人，是权威的信用背书
⊕ 维护性 Maintainability	幼儿园需要解决的问题能在2分钟内及时回复，2小时内到达现场处理	不成熟性 Immaturity		⊕ 人际情感 interpersonal emotion	代理团队强大，数百个精确到县级的地推团队，幼儿园需要解决的问题能在2分钟内及时回复，2小时内到达现场处理
可靠性 Durability		高技能 High Skill			
⊕ 安全性 Safety	较好，能在一定程度上保障幼儿园及孩子的安全	形象 Imageability		高兴趣与乐趣 interest & fun	

to C

功能价值 Performance Value		体验价值 Experience Value		情感价值 Emotion Value	
性能 Performability		复杂性 Complexity		⊕ 人群归属感 sense of belonging	家长有从众心理，别的家长如果开始用视频看孩子，自己也会有使用的冲动
⊕ 特色 Featureability	通过实时视频看到孩子的情况，且省流量	精确性 Precision		⊕ 舆论认同感 public identity	幼儿园出事的新闻频繁出现，使家长倾向于幼儿园要更加透明
交付性 Deliverability		不确定性 Variability		流行认同感 popular identity	
易用性 Useability		敏感性 Sensitivity		权威认同感 authority identity	
维护性 Maintainability		不成熟性 Immaturity		⊕ 人际情感 interpersonal emotion	增加家园互动，也增强家长间的交互
可靠性 Durability		高技能 High Skill			
⊕ 安全性 Safety	较好，能在一定程度上保障幼儿园及孩子的安全	形象 Imageability		⊕ 高兴趣与乐趣 interest & fun	家长对孩子的爱，希望能看到孩子，尤其是部分工作很忙的家长

04

趋势：颠覆式创新从何而来
TRENDS LEADING DISRUPTIVE INNOVATION

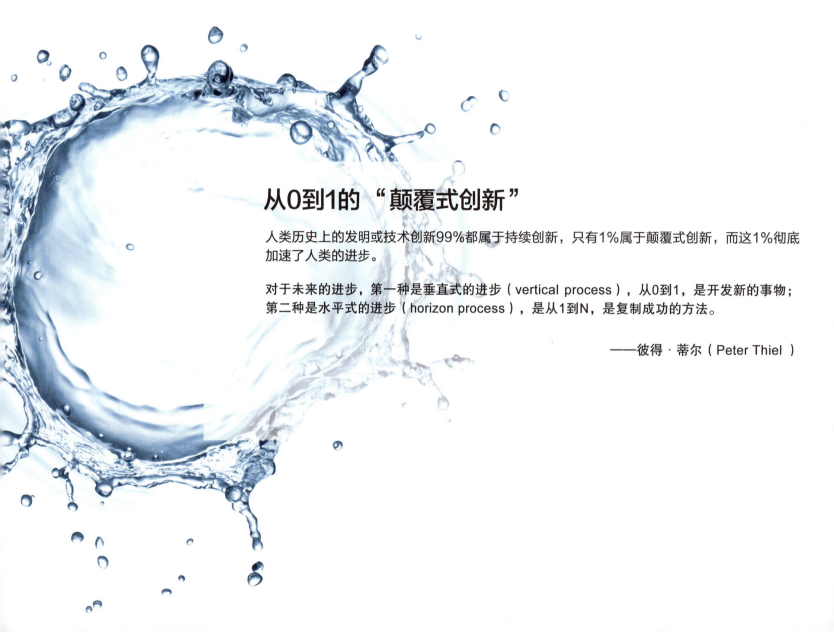

从0到1的"颠覆式创新"

人类历史上的发明或技术创新99%都属于持续创新，只有1%属于颠覆式创新，而这1%彻底加速了人类的进步。

对于未来的进步，第一种是垂直式的进步（vertical process），从0到1，是开发新的事物；第二种是水平式的进步（horizon process），是从1到N，是复制成功的方法。

——彼得·蒂尔（Peter Thiel）

颠覆式创新推动指数型发展

颠覆式创新

它是指在传统创新、破坏式创新和微创新的基础之上,由量变导致质变,从逐渐改变到最终实现颠覆,通过创新使原有的模式完全蜕变为一种全新的模式和全新的价值链。

指数型发展

它是指以指数型的曲率,以越来越快的速度增长。指数型增长的原动力,就是颠覆式创新。

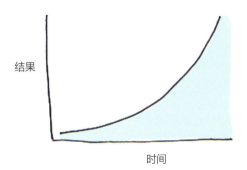

指数型增长

Improvements come slowly in the beginning, but your gains increase rapidly over time.

结果

时间

独角兽公司越来越快地形成

利用颠覆式创新和指数型发展,独角兽公司达成的时间,即公司市值达到10亿美元所用的时间在大幅减少。独角兽形成的速度越来越快。

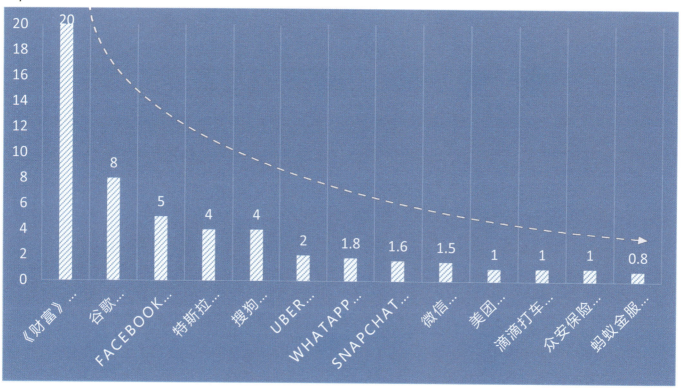

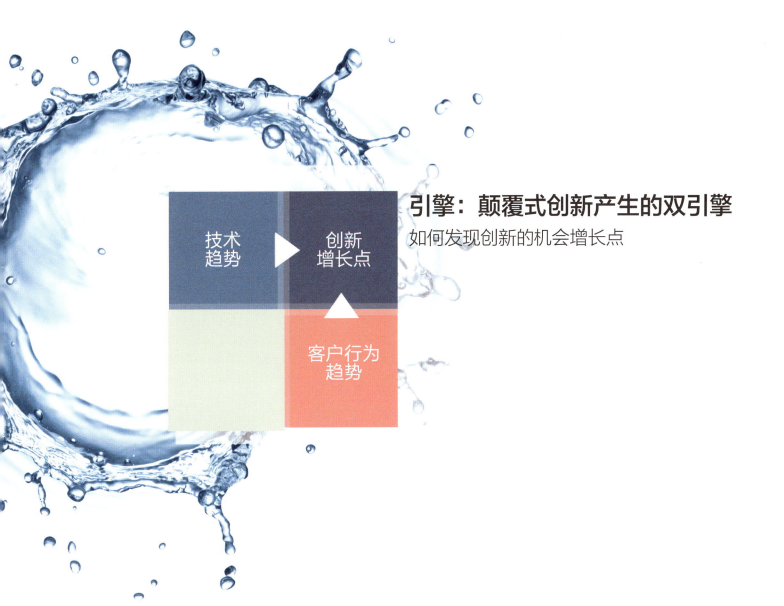

引擎：颠覆式创新产生的双引擎
如何发现创新的机会增长点

两大引擎，六大定律

奠定了我们所经历的——互联网时代的指数级发展与辉煌

技术趋势

1. 摩尔定律：芯片上的晶体管和电阻器数量18个月增长一倍，解决了设备性能和普及问题，使得设备的价格呈指数型下降，解决了设备问题
2. 吉尔德定律：主干网带宽6个月增长一倍，上网会免费，解决了网速问题
3. 梅特卡夫定律：网络价值以用户数量平方的速度增长，形成了平台效应

客户行为趋势

4. 病毒扩散定律：一个事件或一个服务每天以几何级数拓展，形成了今天的社会化营销
5. 六度分隔理论：你和任何一个陌生人的间隔人数不超过六个，形成了今天的网络社交
6. 马太效应：好的越好，坏的越坏，多的越多，少的越少，形成了今天的独角兽

TB（Tech-Behavior）矩阵
帮助我们寻求创新空间

只有新技术的应用或者新客户行为的变化，才能够结构性地改变产业价值链，甚至产生新的品类、新的市场、新的产业。

如果所用技术和客户行为都是成熟的，那就只能有跟进或改进型的微创新，这是大部分传统企业所做的。

抓住新技术或新客户行为的趋势，才能有颠覆式创新。

创新空间的TB（Tech-Behavior）矩阵

技术趋势	成熟的客户行为	新客户行为趋势
新技术趋势	创新空间II 颠覆式创新 改变品类	创新空间III 颠覆式创新 改变产业
成熟技术	创新空间I 跟进/改进 改变产品、服务、流程	创新空间II 颠覆式创新 改变品类

客户行为趋势 →

以移动电话行业为例，不同的创新空间有不同的创新机会。

让我们回到2007年，在那个时期，不同的企业做了不同的创新。

技术趋势 ↑

新技术趋势
- 多点触控技术
- 3G通信
- 芯片计算能力/能耗
- 小型硬盘
- 新材料
- GPS

成熟技术
- GSM/GPRS
- CDMA
- 触控屏幕
- 全键盘

创新空间的TB（Tech- Behavior）矩阵

创新空间II

诺基亚N97，应用新塞班系统、高清摄像头等技术，满足了客户的需求

创新空间III

苹果iPhone，开创了以触控操作系统、移动互联网为基础的智能手机产业

创新空间I

三星手机，一直以适合消费者口味的改善而取得竞争力——当年的"换壳之王"

创新空间II

黑莓手机，满足了客户在上网、邮件等方面的新需求，全键盘自由特色智能手机

成熟的客户行为
- 电话、短信
- 游戏、音乐
- 拍照

新客户行为趋势
- 上网
- 收发邮件
- 泛娱乐
- 软件程序

← 客户行为趋势 →

科技改变世界路线图

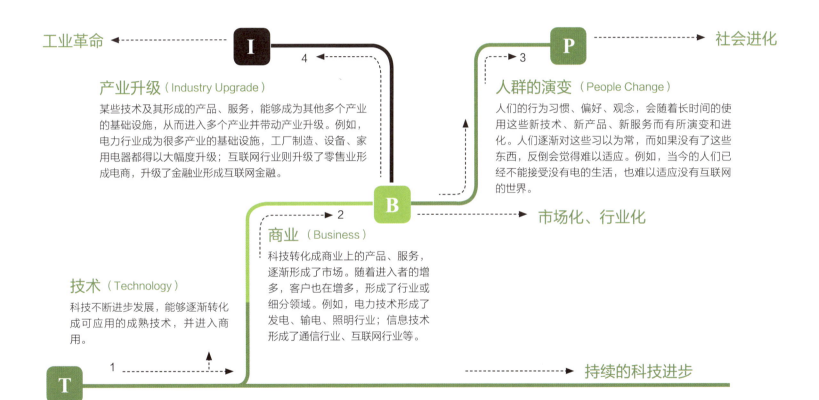

互联网是如何改变世界的

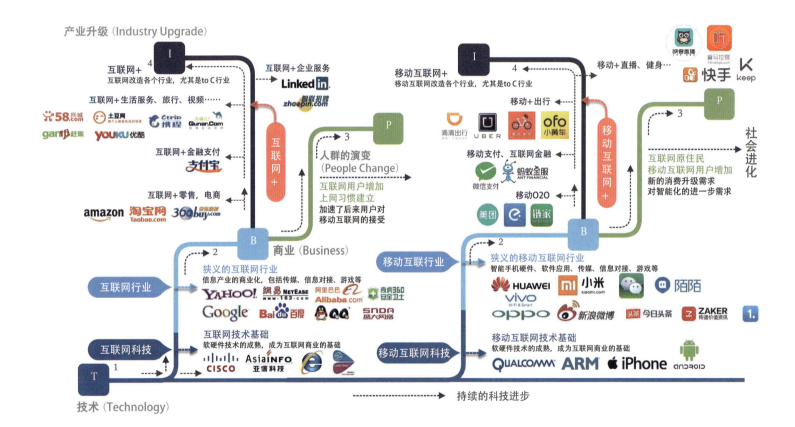

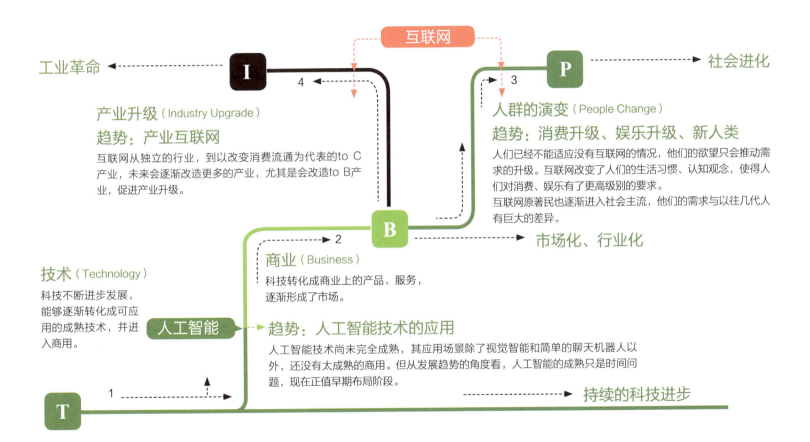

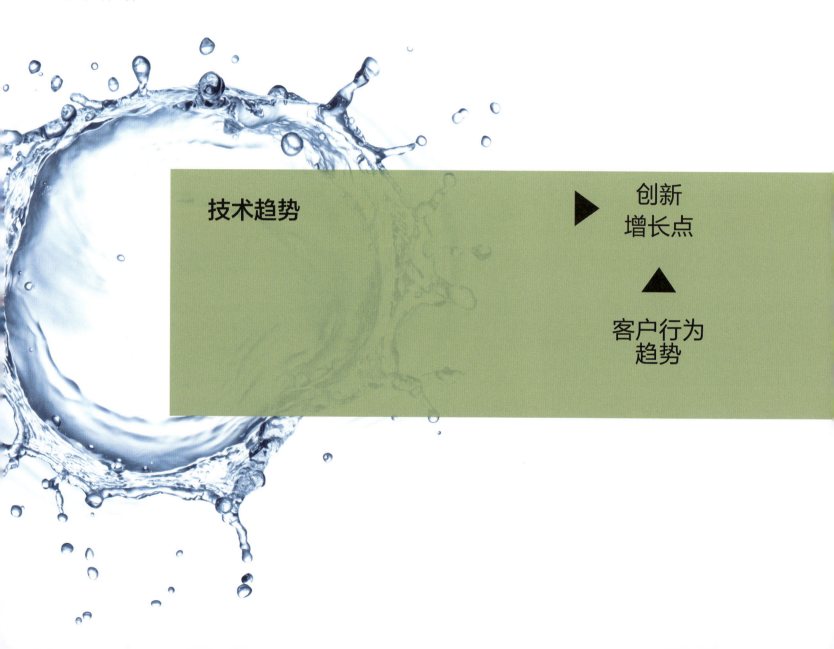

Gartner 曲线：时代创新者应该把握技术的应用趋势

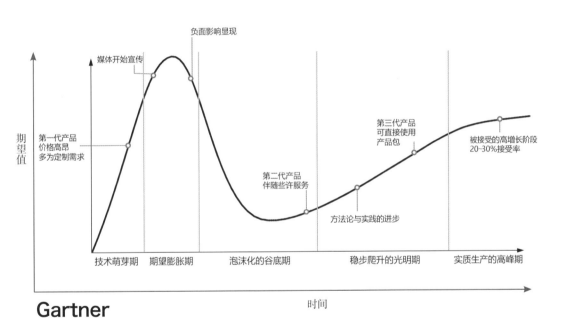

Gartner把研究的技术分成以下五个阶段：

1. 技术萌芽期，第一代产品出来以后，用户的需求很不成熟，产品特点也不成熟，更多的是来自定制化的需求。
2. 期望膨胀期，技术很快会引起媒体以及风险投资的关注，伴随着大量的资金进入这个领域，从而导致无论是用户还是业内的人，对这项技术的期望会越来越高，甚至被炒作到一个顶点。
3. 泡沫化的谷底期，会有一些用户开始采用产品，而当这些用户采用了产品之后，他们会发现产品远远低于其预期的希望，自身需求无法被满足，导致一些比较负面的评价开始见诸报端。

Gartner 曲线：时代创新者应该把握技术的应用趋势

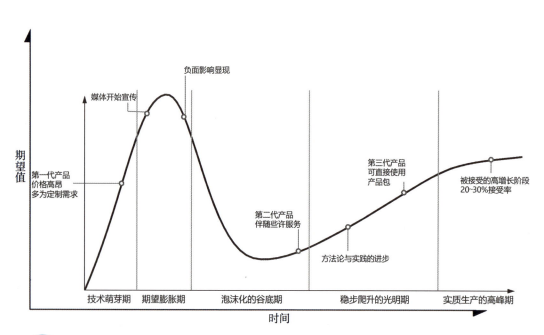

4. 稳步爬升的光明期，伴随着高预期和低成熟度的鸿沟出现，人们对这项技术的关注度会降低。但是，厂商以及相关技术供应商并没有放弃这项技术，他们会不断地完善自己的产品，这实质上是技术和产品走向成熟的阶段。

5. 实质生产的高峰期，经历过一段波谷之后，技术和产品会逐渐进入主流，会有更成熟的产品出现，相关的服务也会逐渐完善。同时，一些最佳实践也出现了，可以帮助用户更好地接受这项技术和产品。

随着技术的发展，产品越来越成熟，进入到市场主流阶段，这时候产品就会相对进入一个价格竞争的阶段。

04 趋势：颠覆式创新从何而来

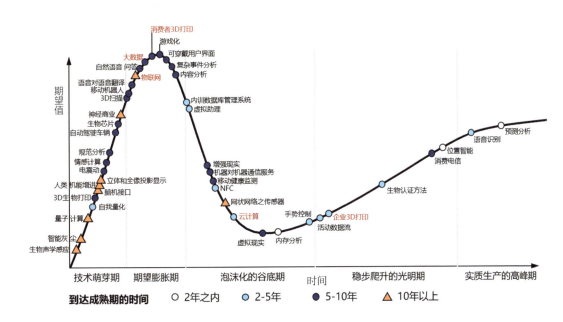

左图为2013年的Gartner曲线，其中很多技术在今天的市场上已经有大量的成熟应用，例如：
· 预测分析
· 位置智能
· 云计算
· 大数据
· 虚拟助理

另外，其中也有一些技术，已经有少量应用，并极具潜力，例如：
· 生物认证方法
· 企业3D打印
· 虚拟现实
· NFC
· 移动健康监测
· 可穿戴用户界面
· 自动驾驶车辆

示例：已改变金融界的三大技术

"如果银行不改变，我们就改变银行。"——马云

| 移动互联 Mobile Internet | 大数据 Big Data | 云计算 Cloud |

当前，中国人使用手机银行已经成为一种习惯，查询、转账、借贷、信用卡、理财等业务都用手机完成，更不用说随处可见的移动支付。各大银行的传统渠道窗口，已经逐渐被淘汰，剩下的部分也多仅为老年人提供服务。

大数据的成熟应用，即在营销方面帮助了解客户的偏好以及找到适合的精准营销策略；另外，可以以更加高效的方式，通过消费者的过往数据分析得出其信用情况，降低信用评估和风控成本，使得普惠金融得以实现。

大数据与云计算是相协调的，海量的大数据的计算，要求大量、实时、灵活的计算能力。网商银行是国内第一家核心系统架构在云上的银行。前端银行办事处连接到后端基于云的计算和分析许可，可以节省大量的能源、空间和成本。

大批新技术中成本垂直下落给创新创业公司带来了机会

技 术	实现等效功能的（平均成本）	比 例
3D技术	4万美元（2007年）~ 100美元（2014年）	7年400倍
工业机器人	50万美元（2008年）~ 2.2万美元（2013年）	5年23倍
无人机	10万美元（2007年）~ 700美元（2013年）	6年142倍
太阳能	30美元/千瓦时（1984年）~ 0.16美分/千瓦时（2014年）	20年200倍
传感器（LIDER）	2万美元（2009年）~ 79美元（2014年）	5年250倍
生物技术（基因测序）	1 000万美元（2007年）~ 1000美元（2014年）	2年10 000倍
神经技术（BCI设备）	0.4万美元（2006年）~ 90美元（2011年）	5年44倍
医学（全身扫描）	1万美元（2000年）~ 500美元（2014年）	14年20倍

随着一些技术的日趋成熟，并能够量产使用，其使用成本也可能会快速下降。这也为创业公司带来了很好的机会，使得创业的成本越来越低，客观上催生了大批高速发展的创业公司和独角兽。

对科技的关注度，依据科技的级别

行业级别的技术 ★
限于在行业中使用的技术或专业

种类最多，每个行业都有很多，但影响力最弱的一个级别，每项技术的影响力只局限在自身行业。此级别的技术，局限于在行业或细分领域中的应用。例如，建筑行业的BIM技术，汽车行业中的轻量化设计。

产业级别的技术 ★★★
对整个产业有重要影响的技术

产业级技术对大产业有巨大影响，能够造就一个新的产业或行业，或者在原有的大产业中产生使效率大幅提升的核心技术。例如，先进制造和自动化、医疗设备与医学成像。

通用级别的技术 ★★★★★
能够成为跨产业基础设施的技术

最重要的技术，是有望成为很多产业基础设施的技术，它可以被很多产业所应用，并产生颠覆性的影响。例如，互联网技术，互联网本身就是一个产业，互联网还能够被众多行业使用并形成各个产业的互联网化。

04 趋势：颠覆式创新从何而来 171

四大通用级别

能成为各大产业的

材料

材料技术，是所有实体产品的物理载体的基础，换句话说，所有实体的产品都需要材料。

能源

能源技术，是……和行业的能量……一切效率的……力，是历次……最主要的动力

信息

……包括计算、存……数据、算法……提高了人类的效……各行业产生快速

生物

生物科技，是人类与动植物相关领域的基础，会影响以人们的生老病死为基础的产业，尤其是在医疗健康领域。

科技应用地图

通用级技术是跨产业的基础设施 | 产业级技术是产业升级的大机会 | 行业应用是各细分领域的创新增长点

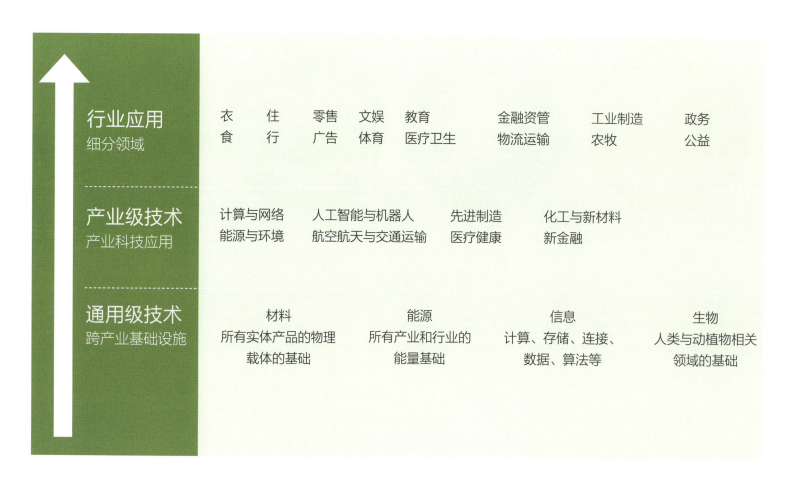

04 趋势：颠覆式创新从何而来 173

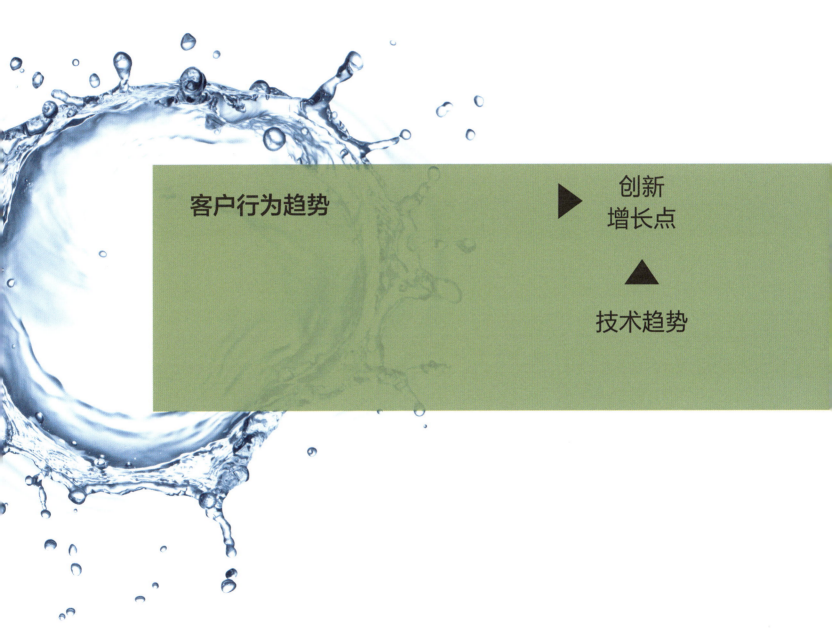

客户行为变化的整体趋势

客户行为变化的趋势

客户永远是创新的源头,而客户化是创新必备的原则和精神。客户群体在时间的演进中,会出现阶段性的、结构性的变化,就像一代代人的整体变化,看似连续,但又确实存在着"代沟"。

这种客户行为整体变化的趋势,给产业价值链重塑和颠覆式创新带来了巨大的机会。比如,目前比较流行的趋势——消费升级——就是客户行为趋势,它引领着衣食住行等各个领域和产业的重大变化并创造着潜在机会。

社会进化

社会整体在发展,城市化、区域化、信息化等发展方向和观念成为趋势与大家的共同认知。这些会影响各行业的客户,而且这些客户的行为也在随之变化。过去十几年,我们国家的消费增长基本在两位数以上,如今仍然保持较高速度的增长。中国人手上确实有很多钱,有钱之后,就要考虑提高生活、生命的质量,包括吃喝玩乐以及健康医疗各个方面。一些商业模式创新、有巨大平台性机会的领域,借助这个趋势飞速发展,即便现在短期内变化不明显,但未来必将突飞猛进。

新习惯、新观念来自技术和模式的沉淀

人们的整体认知和习惯,也受到技术和商业模式的长期影响。每一代颠覆式的创新,从技术到市场,客户用多了之后,就形成了习惯和习以为常的观念。

例如,互联网技术及其商业模式,使得大家都习惯了互联网下的生活,其整体行为习惯已经有了结构性的变化。现在,无论任何一样东西,不联网就会被觉得"不正常""落后"。

新人群
NEW PEOPLE

客户人群并不是一成不变的，随着人口结构和商业环境的变化会有新人群的出现。在to C领域中，一代代新人类的出现会产生巨大的行为变化；在to B领域中，客户群中可能会出现新人群。

新人群引发的趋势：

- 新人类需求
- 娱乐升级
- 参与化

新偏好
NEW PREFERENCE

随着时代的变化，人们的整体认知和习惯会随之有整体变迁。这使得一段时间里，客户人群有整体的新偏好，衡量产品、服务、品牌、企业的标准都会随之改变，从而形成整体趋势。

新偏好引发的趋势：

- 消费升级
- 健康化
- 虚拟化

新环境
NEW SURROUNDINGS

宏观环境，如政府政策、社会舆论、资本市场等带来的影响，都会给客户行为带来趋势性的变化。例如，一带一路的国家政策，给很多产业带来了整体影响，从而改变了客户的决策倾向。

新环境引发的趋势：

- 城市化、区域化
- 信息化
- 智能化
- 创业潮

NEW PEOPLE

新人类需求

时代发展最显著的特征,就在于一代代的新人成长为市场上的用户和消费人群。这些"新新人类"从稚嫩的小鲜肉到成熟的职场人,从身无分文的草根到有车、有房的白领,从与父母住在一起的啃老族到自己为人父母,从不被先辈看好的边缘文化到成为社会的主流文化。这就是人类的发展规律,是不能回避的事实。

虽然每隔几年就会冒出"一代不如一代"的所谓"权威"的声音,但后来的事实都证明了"长江后浪推前浪,一代更比一代强"的历史车轮趋势。因此,我们必须尊重和重视一代代的新人类,他们是未来的消费主力,是未来市场的主角。如果我们忽视了他们的需求,未来必将被市场淘汰。

娱乐升级

新人类的一大特点在于,他们是互联网和移动互联网的原住民,从他们懂事开始就有互联网的存在。互联网伴随着他们的成长,带给他们众多可选的娱乐。"娱乐至死"已经成为当今的一大趋势。大家在娱乐方面所投入的时间空前高涨。这使得大娱乐领域不断地蓬勃发展,越来越多的娱乐形式层出不穷。主流媒体中出现大量选秀、真人秀、喜剧秀和各种跨界娱乐节目,更不要说互联网上的各种长视频、短视频、音频、直播等。

新人类的审美观与小鲜肉

对新人类的娱乐心理和审美的理解,也是我们必须要做的功课。这样才能够让我们的创新符合他们的选择倾向,被市场所接受。

历史与人性的结合是有规律的。当一个国家刚刚成立时,往往尚武,大众审美倾向于英武阳刚,所以那个年代的大众明星是"杨子荣""李向阳"。而随着和平年代的时代发展,尚武精神下降而文艺升级,大众审美必然倾向于柔美俊秀。对此,我们不必看不惯,而是要符合新人类的需求。

NEW PEOPLE

新人类需求

泛娱乐化

同时，非娱乐行业的娱乐化也成为一种趋势。为了符合新人类的娱乐升级需求，各行各业的产品、服务，尤其是营销和广告中，都融入了很多娱乐化的元素。

故宫也卖萌。过去提起故宫，大家的第一反应绝对是高大上、有历史，但离我们很远。年轻人不喜欢那种"被教育"的感觉，文化历史如果不能与年轻人的审美偏好结合，就不会获得年轻人的欢迎。近年来，90岁的故宫博物院突然"画风"逆转，走上了"逆生长"之路，不仅卖得一手好萌，而且频频出新招，用极为接地气的文创产品，令大批人"路"转"粉"，齐齐拜倒在它的红墙黄瓦之下。这一下子拉近了"老"故宫与新人类的距离。

参与化

新人类的另一大特点，是不喜欢被安排、被通知、被命令，而是喜欢自己能够参与其中。他们的成长环境，使得他们没有60后、70后甚至80后内心中的那种不安全感。因此，他们觉得没有必要去强迫自己做不喜欢的事，也没有必要去讨好谁，他们真正能够"安能摧眉折腰事权贵，使我不得开心颜"。因此，新时代的产品越来越多地要把他们融入进来，让他们参与其中。

NEW PREFERENCE

新偏好

消费升级

消费升级是一个大趋势,它是中国人在以下几个方面取得发展并相互促进而引发的。

首先,中国人有钱了。从美国和日本的发展历史来看,随着人均GDP和收入的提高,人们对消费的追求会出现阶段性升级。一线城市经历了买私家车的时代、买奢侈品的时代,正在迈进精神娱乐消费和高品质消费的时代,而二、三线城市紧随其后。

其次,互联网时代培养了具有高追求的消费者。互联网时代是用户主权的时代,而在线产品的用户体验都非常好。中国消费者用惯了外观好看、体验很棒、价格又便宜的"iPhone们"和各种"App们"。他们已经无法再接受中国以前那些"地摊货"了。

最后,新一代人群是有"消费自信"的人群。他们没有经历过短缺经济的时代,所以没有那种不安全感。他们追求的是彰显自我,而不是迎合别人。他们不需要通过一些"名牌"来粉饰自己。他们追求的是既有高品质又有高性价比的东西。

因此,消费升级的趋势,就是做好产品、做好体验,同时做高性价比的趋势。在这样的趋势下,以前时代里品质低劣的廉价品的市场会越来越小;品质虽好但价格昂贵的奢侈品的市场也会越来越小。

NEW PREFERENCE

新偏好

价廉物美又好看

消费升级的需求是能做出高品质、高性价比、外观好看的东西。在中国，当今很多新推出的爆款产品，都符合这样的需求。比如，RIMOWA的20寸铝合金箱子，至少要6500元以上。而近来由创业公司润米科技做的90分品牌的20寸铝合金箱子，质量也非常好，还取得了德国iF DESIGN AWARD2017国际设计大赛的大奖，而其价格却只有不到1800元。2016年"双11"，箱包类单品销量第一的就是润米科技出品的90分旅行箱。"双11"当天，润米科技就卖出23411个旅行箱。

健康化

中国人现在对健康的关注，无疑达到了历史最高点，从饮食起居、生活环境到生活方式，无不追求更加绿色、健康。不知道从何时开始，"工业化"仿佛成为一个略带贬义的词汇，人们争相避而远之。从这些年的国外奶粉大战，到康师傅、娃哈哈的市场直线下滑，再到绿色有机食品的崛起，以及大家对人鱼线、马甲线的不懈追求，更不要说雾霾所造就的"雾霾经济"。就连《人民的名义》里，蔡成功都说，现在连上流社会都不再接受大腹便便，既有钱又有型才是"成功人士"的标准。

虚拟化

一切皆可虚拟化，一切皆可从虚拟空间中获得，这是大家在习惯了互联网空间中的生活后的共同认知。互联网已经成为人们生活的另一个空间，既与实体空间平行，又与实体空间相联系。大量的事情，可以先到虚拟空间去考察甚至体验，然后再在实体空间中获得，这已经成为很多领域的标配。未来VR的成熟，更是给我们创造了一个可以以假乱真的虚拟世界，在其中，我们可以置身于任何地方，去感受我们肉身难以感受的体验。

NEW SURROUNDINGS

新环境

城市化、区域化

中国的城市化进程一直在进行，而且正在朝着超大型城市化和城市群区域化的方向发展。原来的一线城市的核心区域由于承载能力有限，势必会向外扩展，形成一个卫星城组合生态，例如大北京区域的形成。二线城市也在朝一线城市的方向迈进。这就意味着有规律的人口流动，而这些人口流动为我们带来了很多商机，体现在衣食住行各个方面，包括医疗健康、子女教育等更广泛的市场机会。比如交通，高铁、城铁、公交线路、租车、专车都在这一带动下纷纷发展；再比如建筑，核心城市空间越来越小，周围环境和居民的要求越来越高，传统的建筑方式既慢又不环保，于是给装配式建筑提供了巨大的发展空间。

信息化

信息化早已不是什么新名词，各行各业的信息化都在进行中。只不过原来的信息化主要存在于to C行业中，或者主要在一、二线城市发展。而下个阶段，信息化会进一步朝各个行业、各个地区渗透。比如在汽车后市场就存在着大量的汽修厂，这是一个信息化落后的产业，每家修理厂只能在家里等着客户上门，用的各种配件出处也不透明，客户对此很不放心，汽修厂只能打低价。目前，这个行业正在进行信息化革命，有些互联网平台正在帮助这些汽修厂进行信息化、数字化改造，让它们能够进行线上营销获得客源，同时用的配件都是可追溯的，质量有保障，整个运营效率都能够得以提升。

创业潮

近年来，创业成为一种风潮，成为大家所推崇的事情。当然，国家鼓励是很重要的因素，"大众创业，万众创新"引发了很多人投入创业之中。这其中虽然不乏不理性的成分，但我要说的是，中国从客观环境上确实到了创业大发展的时候。中国的年轻人，已经不像他们的前辈那样有不安全感，或者有生存上的风险。所以，他们中的一些人可以放手一搏，而不受制于为了饭碗而打工。同时，他们从小就受到良好的教育，更是眼界开阔，甚至早早就有了科技能力。另外，他们中的一部分人有梦想、有追求，希望能开创一份自己的事业。所以，创业的比例相对于以往任何时代都应该是最高的。

NEW SURROUNDINGS

新环境

智能化

智能化是后互联网时代最有潜力的趋势。随着计算能力、算法和大数据的逐渐成熟，人工智能技术的商用化、各个领域的智能化已经成为可能。

此外，上到国家、政府，中到各大产业和企业，下到大众百姓，都已经将"智能化"视为好的、理所应当的、未来趋势的正面事物。从舆论到情感，智能化都是被广泛支持甚至追求的趋势。

因此，智能化的脚步是停不下来的，更是不可逆的。智能化在各个领域的市场空间是很大、很有潜力的。到2020年，智能城市将会创造出大量的商业机会和1.5万亿元的市场价值。

智能城市市场细分，全球，2020年①

智能建筑
复合年增长率：8.8%（2012~2020）

智能医疗保健
复合年增长率：6.9%（2012~2020）

智能交通
复合年增长率：14.8%（2012~2020）

智能基础设施③
复合年增长率：8.9%（2012~2020）

智能管理与智能教育②
复合年增长率：12.4%（2012~2020）

智能安全
复合年增长率：14%（2012~2020）

智能能源
复合年增长率：19.6%（2012~2020）

注：图中标出了智能城市每个类群的市场份额。
　　智能城市每个市场类群的详细信息请参考附录。

① 这些数字代表了城市和非城市类群中总体生态系统智能解决方案。
② 智能教育包括学校、企业和政府机构的电子学习服务。
③ 其他智能基础设施，例如传感器网络，将列入其他类别的水务数字化管理。

资料来源：Prost & Sullivan 咨询公司的分析。

趋势地图

颠覆式创新产生的双引擎——技术趋势和客户行为趋势，交叉找到创新的机会增长点

新人类			城市化			
需　求	参与化	消费升级	区域化	智能化	**客户行为趋势** ▶	**创新增长点**
娱乐升级	虚拟化	健康化	信息化	创业潮		

▲

衣	住	零售	文娱	教育	金融资管	工业制造	政务	**技术趋势**
食	行	广告	体育	医疗卫生	物流运输	农牧	公益	行业应用
								细分领域

计算与网络	人工智能与机器人		先进制造	化工与新材料	**产业级技术**
能源与环境	航空航天与交通运输		医疗健康	新金融	*产业科技应用*

材料	能源	信息	生物	**通用级技术**
所有实体产品的物理载体的基础	所有产业和行业的能量基础	计算、存储、连接、数据、算法等	人类与动植物相关领域的基础	*跨产业基础设施*

示例：保险行业利用TB矩阵寻求创新空间

注：2013年，某大型保险公司（全球500强）高管团队画出的TB矩阵

技术趋势（新技术趋势 ↑ / 成熟技术 ↓）

- 新技术趋势：
  - 基因筛查技术
  - 客户生物身份认证技术
  - 大数据客户行为分析

- 成熟技术：
  - 可穿戴设备
  - 远程音视频技术
  - 互联网营销（微店、天猫等）
  - 互联网销售工具（iPad等）

创新空间的TB（Tech-Behavior）矩阵

创新空间 II（新技术 × 新行为）
- 基于基因筛查精确定价产品
- LBS精准营销
- 刷脸认证

创新空间 III（新技术 × 成熟行为）
- 个人定制核保
- 个人定制产品
- 健康养老险延伸服务（养老社区等）

创新空间 I（成熟技术 × 新行为）
- 在线投保（电子签名、电子支付、电子理赔、无纸化投保、核保）
- 综合金融
- 小额保险体验

创新空间 II（成熟技术 × 成熟行为）
- 远程保险顾问
- 健康管理服务（基于可穿戴设备）

客户行为趋势

新的客户行为趋势：
- 在线购买
- 高性价比产品
- 基于人群定制

成熟的客户行为：
- 服务定制
- 产品私人定制
- 服务一体化

时至今日，矩阵上的很多创新机会，已经成为现实，甚至有些已经在行业内普及，比如以下这些：

创新空间 I
- 在线投保（电子签名、电子支付、电子理赔、无纸化投保、核保）已经在行业内普及。

创新空间 II
- 远程保险顾问已经存在，甚至已经有聊天机器人提供远程服务。
- 刷脸认证已经在金融业应用，既高效、安全，所提供的用户体验又好。

创新空间 III
- 健康养老险延伸服务（养老社区等）在今天是巨大的高潜力市场空间，是一个巨大的产业机会。

客户行为趋势

人工智能技术在语音识别与语音交互领域的发展,使得机器逐渐能够与人进行沟通交互。语音的人机交互,将可能成为人们对机器的另一个主要的需要——"人机交互与控制界面"。这就在传统的键盘、鼠标和后来的触屏之后,开拓出一种全新的控制方式,这也意味着一个巨大的流量入口。

创新的大机会

智能音箱
新的大战场

看似不起眼的音箱,却成为巨头和创业者新的重点战场。无论是国际巨头,还是本土巨头,都纷纷布重兵做智能音箱创新。

技术趋势

智能化的需求趋势,使得人们对产品能够具有拟人化的智能有越来越大的需求。同时,人性当中懒惰的一面,也使得我们有越来越"省事"的需求。再加之,在新人群中,孩子不识字,老人看不清字,对他们来说最便捷的方式,就是通过语言跟机器喊话。

作者实操案例

我们亲身操作的一个技术结合客户行为趋势的案例是帮助天丰集团寻求创新空间，并设计基于核心技术（集束科技）的商业模式。

天丰集团，立足装配式建筑产业，基于新技术进行快速推广的商业模式，打造装配式建筑领域的英特尔。

建筑领域的技术引擎，打造行业的英特尔模式

面向装配式建筑发展大趋势，以技术为引擎，研发基础元件，赋能与联合终端开拓市场

天丰集团是中原地区最大的钢结构生产企业，中原地区最大的压型钢板、保温复合板、聚氨酯节能板的生产基地。

河南天丰绿色装配集团有限公司的经营范围包括：钢结构绿色建筑和节能建材的设计、研发、销售、制造与施工、应用推广于一体，形成了钢结构、节能板材与集成房屋、冷弯机械、钢铁贸易、园区地产等优势互补、相互促进、协同发展的战略新兴产业链，并向现代农业、新能源光伏应用EPC、模块化建筑、旅游地产等领域延伸发展。

- 智能冷弯装备技术实力国内第1名。
- 全国钢结构建筑行业位列第11名。
- 相关专利近30项，有成熟的技术理论和相关设计手册，成果鉴定国内领先。

面对传统钢结构行业，天丰集团联合重庆大学研发出G Plus智能集束结构装备，在结构强重比、截面性能、生产速度、生产环境等方面完全可替代传统H型钢，并能在国务院倡导的装配式建筑发展趋势之下发挥出其最大效益。

在我们组织的商业模式设计研讨会上，结合企业现有资源，力图打造建筑行业的英特尔Inside，以技术为引擎，研发基础元件，赋能与联合终端开拓市场。

市场趋势

国家近些年开始大力推动装配式建筑，力推建筑行业转型升级，给这一领域发展带来极大的机遇：

- 2016年中共中央城市工作会议要求：10年使装配式建筑比例占新建建筑的30%；
- 国务院大力发展装配式建筑文件：《关于大力发展装配式建筑的指导意见》；
- 住建部"十三五"工作重点，及各地发展装配式建筑鼓励政策和措施。按照国家政策号召，即便未来十年我国的建筑业产值没有任何增长，保持在2016年的19万亿元，装配式建筑也有将近6万亿元的市场产值。

创新的大机会

智能建筑

新的大战场

未来的万亿量级的市场，必然以更高效、更绿色环保、更大的产能来支持。谁能成为技术标准的制定者，谁能成为基础构建的高效输出者，谁可能会享受到最大红利。

技术趋势

冷弯技术生产的G-Plus集束体系构件应用广泛，只要有H型钢的地方，都可以应用G-Plus，集束科技将成为建筑乃至很多领域的"基础设施"。得益于冷弯生产线的快速成型，可以取代焊接，更快、更高效，并大幅降低能耗与污染等优势，与广泛使用的H型钢相比，其性能和经济效益更突出，能实现多种灵活的节点组合方式，以适应各种建筑物功能部位的要求。

技术趋势：冷弯技术下的G型钢将替代H型钢

我们在右图中将G型钢与H型钢进行详细比较，其优势简述如下：

应用广泛：目前市面上的钢结构建筑使用的传统H型钢，都可以被替换成G型钢，集束科技将成为建筑乃至汽车等很多领域中的"基础设施"；

价值提升：快速冷弯成型，取代焊接，更快、更高效，并大幅降低能耗与污染。

天丰绿色装配集团研发的G型钢型材作为单元构件，与广泛使用的H型钢相比性能和经济效益更突出，能实现多种灵活的节点组合，以适应各种建筑物功能部位的要求。

◇◆	H型钢材	G型钢材	G型钢材备注
结构强重比	◆◆	◆◆◆	详见产品手册参数，不在此赘述
截面性能	◆◆	◆◆◆	详见手册中提到的几何与物理特性，不在此赘述
省工省料	◆◆	◆◆◆	操作人员2名，节约70%的施工成本 全过程可实现信息化的远程控制，从设计、生产到装配可实现无图化对接
便于机械加工	◆◆	◆◆◆	冷弯技术加工
工业化制作程度	◆◆	◆◆◆	全过程自动化控制，20米/秒
工程施工速度	◆◆	◆◆◆	缩短50%以上的建设工期
环保	◆◆	◆◆◆	无热加工
设计风格灵活度	◆	◆◆◆	构件组合多样
抛丸、除锈、油漆及焊接等工序	◆	◇无须	无须传统工序
生产环境热加工	◆	◇常温	生产厂常温运转

G型钢组合

G型钢应用实景

以英特尔Inside模式进行快速推广

以技术为引擎，研发基础元件，赋能与联合终端开拓市场

我们发现，G型钢与英特尔芯片同为单元构件，能通过赋能于产业链上的各个合作伙伴，共同联合开拓市场。这已被验证是以技术为核心的商业模式快速推向市场的有效途径。

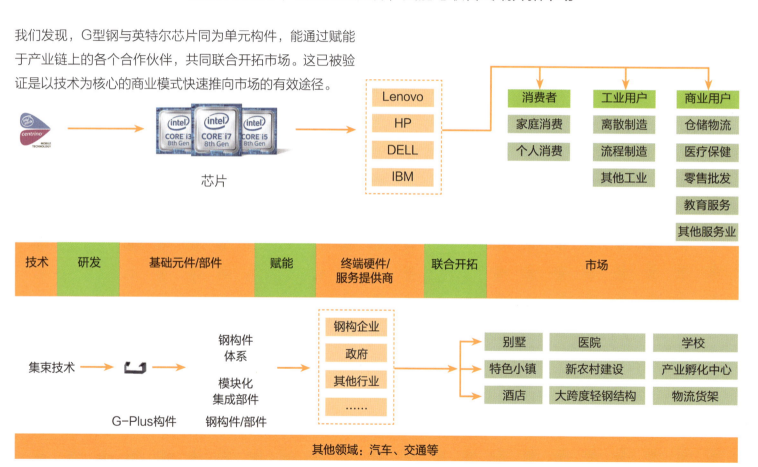

天丰绿色装配集团商业模式整体架构

天丰绿色装配集团围绕前沿科技——集束技术，形成三层次的商业模式架构

层次1为产业市场端业务层：
建立面向市场的三大业务，分别是输出成品装配式建筑房屋的装配式建筑产品；技术输出业务，帮助装配式建筑的下游企业生产集束构件，从而快速形成装配式建筑生产能力；输出智能工厂解决方案，帮助客户快速形成整套集束产品的生产与运营能力。

层次2为科技赋能层：
这是天丰装配集团的核心竞争力所在，整套科技标准化输出结合智能化的体系化能力，成为智能化装配式建筑领域的基础设施。

层次3为产业资源层：
发挥原有的产业资源经验和优势，融入AI等前沿科技，借助产业资本形成快速增长与可持续发展的生态布局。

产业市场端业务层	**装配式建筑产品业务** • 三层以下的房屋 • 厂房等大跨空间结构 • 特色小镇、医院、学校等公共建筑 • ……	**技术输出业务** • 设备输出 • 集束技术输出 • ……	**智能工厂解决方案** • 设计输出 • 管理输出 • ……
科技赋能层	**技术体系+技术科技**		
	集束技术体系	互联网+以及智能化体系	装配设计与输出体系
产业资源层	**产业+前沿科技+金融**		
	天丰系建筑产业资源	AI、大数据、智能制造等科技	产业资本

总结
基于核心技术的商业模式

在产业链的任一垂直环节中拥有技术领先优势时,形成"基础设施",通过技术输出赋能,与合作伙伴形成利益共同体,快速推广,重新构建整条产业链的利润结构,增强效益。

以天丰绿色装配集团为例,在专业/科技环节的技术领先与产业链赋能,将使全产业链产生如下直接提升点:

ⓐ 研发出集束体系,效益高于传统钢结构

ⓑ 形成集束体系联盟,增强原材料议价能力

ⓒ 生产速度快、工厂无热加工、自动化控制

ⓓ 提高产品性能与效益所带来的品牌增值

ⓔ 技术支持与售后服务更加标准、规范化

ⓕ 提供供应链金融服务,如买方借贷

ⓖ 全装配式施工,施工周期更加缩短

ⓗ 授权费用中一部分为与客户成立合资公司的股份

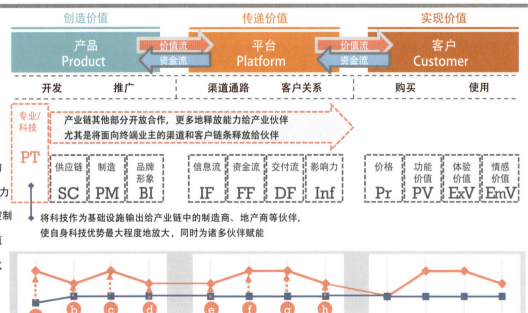

05

方法：企业创新5+2步法

Making the Strategy of Innovation and New Business

"产业升级"有20万亿元的市场,创新者居之

产业创新

Industry /
Business Model /
Innovation /

如果说纯粹的互联网公司是2万亿元的市场,在中国,互联网+和+互联网公司是20万亿元的市场。

——阎焱,赛富亚洲基金创始管理合伙人,人称"创投教父"

在新常态下,实体经济与互联网都遇到了挑战,两者的粗放式发展都已经遇到瓶颈。实体经济依然在寻找突破点,诸多的产业人士和企业家仍然在叹息:市场需求不振,各种成本上涨。从互联网到实体经济,两条线都在临界点上,需要从危机中寻求转机。

从产业出发的创新是出路,也是大机会。中国实体经济和产业发展,在整体红利之下,在过去的30年里,基本上每家企业都可以挣大钱。而下一个时代,在每个产业中,只有少数人能挣大钱。只有有产业格局的人才会成为产业升级的新主人。

在新常态下,我们需要重新学习,向科技创业者学习,向互联网行业学习,向互联网行业最尊重的用户学习。与中国市场和用户越来越高的质量要求相比,所有产业其实都做得不够好。不断成熟且成本在下降的新科技、新的商业模式、不断被培养起来的生活和消费追求,这些都是产业突破的契机。而这些也是趋势,把握趋势而上就是创新。

为什么阿里、美团要做送餐,百度、乐视要做汽车,小米要做箱包和电池等硬件,因为这些互联网巨头看到了以往企业在各个传统产业领域都做得不够好,其中存在很大的机会。

产业创新导航图，一张图看懂产业创新

跨界是创新的核心能力，立足产业、放眼趋势、连接关键资源，最后走通创新路径。右面这张图就是产业创新方法的全图。在拆解之前，一切有价值的创新，其内核在于科技与人性的结合。科技不断在变，使得很多的不可能成为可能，很多低效变得高效。而人性则永恒不变，它引导科技的应用方向，验证科技所满足的是真需求还是伪需求。

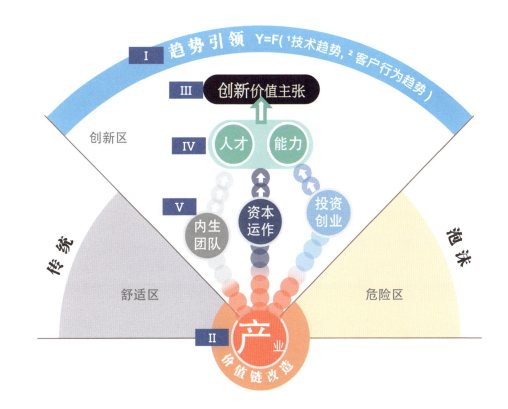

产业创新战略制定

基于产业价值的商业模式创新，其战略制定的流程分为五个阶段：趋势分析、产业价值链分析、制定创新价值主张、核心能力与资源分析以及选择实现模式。

制定战略后，为了能够有效实施，还需要后续的计划实施和管理迭代。

产业创新的设计必然要突破自身局限，包括：传统思维局限、自身业务局限、人才局限、财务资源局限等。

	I 趋势分析	II 产业价值链分析
方法步骤	从大局着眼，对当前及未来的发展趋势进行分析判断	产业价值链研究，把整条价值链分析透
目标结果	大机会、品类需求	产品需求、价值增长点
描述	跳出自我小圈子的局限，看大趋势的发展，尤其要从科技发展趋势和客户行为发展趋势两大方面来研究；要从中判断出颠覆式创新的大机会，或者能够看出市场上会有哪些新品类的需求。	沿着产业地图展开to C产业价值链和to B产业价值链，打开价值链的每个点分析，从客户端的价值分析中找到潜力需求点，从企业端的价值分析中找到价值增长点。
相关内容与工具	• 技术应用地图 • 趋势地图 • TB矩阵 • 创新战略工作坊	• to C产业价值链 • to B产业价值链 • 产业地图 • 价值需求解析 • 产业价值链解析 • 创新战略工作坊

III	IV	V	VI	VII
定创新方向	**盘点人才与能力**	**选择实现模式**	**计划实施**	**管理迭代**
设计、制定出要创新的目标价值点	识别创新价值实现所需要的人才、团队与组织能力	选择落地实现的路径模式	制订具体的实施计划	过程管理与适时检验迭代
创新增长、核心价值主张	核心竞争力、资源规划	三大路径的选择	财务预测、创新实施计划	演进与改进
根据前两步的分析，结合自身情况，设计出要做创新的价值着力点，即我们到底要满足客户的什么价值诉求，提升产业中的哪个或哪些价值点。	欲达成所需要的创新价值实现，需要匹配哪些核心人才、团队以及组织能力，盘点我们有哪些，还缺少哪些。	创新的实践落地，要依托组织能力的实现路径，即内生自建、资本运作和投资布局。根据情况，企业从中选择合适的模式。	根据创新战略与模式路径，做财务预测，并制订具体的实施计划。	在创新的实施过程中，要进行过程评估与管理，并适时进行检验迭代。
• 产业创新导航图 • 创新选择矩阵 • 创新战略工作坊	• 人才盘点 • 组织能力盘点 • 创新战略工作坊	• 内生性创新 • 产业资本运作 • 投资生态布局 • 创新战略工作坊	• 创新战略工作坊 • 财务预测	• 创新战略迭代会

趋势分析

I
趋势分析

从大局着眼，对当前及未来的发展趋势进行分析判断。

趋势引领，面向未来找对引擎

创新朝哪个方向去，什么能够带我们到达那里？有没有颠覆式创新的机会，或者挑战的可能？这是每一个企业家、每一个董事长、每一个业务领导人、每一个担任一把手的人，都必须认真思考和决策的问题。而问题的答案，就是抓趋势。

但当前的新事物层出不穷，也让很多企业家焦虑，因为你不知道下一个趋势在哪里，也不知道你的团队有没有把握下一波趋势的能力。此外，你必须有对趋势时机的判断能力，练就一双火眼金睛。

抓趋势做创新，当然要突破传统的舒适区，但也要提防自己陷入过头的激进区。我们一定要清醒地看清下面两个东西——

潮流：媒体追捧，大家跟风，高手可用来营销，但创新的红利已过，杀进去九死一生。

泡沫：概念远大于实际价值，迟早要破，擦亮眼睛别被套。

趋势 — I 趋势分析
Y=F(¹技术趋势, ²客户行为趋势)
传统 / 创新区 / 泡沫
舒适区 / 危险区
产业

应 用

创新空间的TB（Tech‑Behavior）矩阵

在趋势分析的步骤中，在对趋势做信息收集和广泛研究的基础上，重点要应用TB（Tech-Behavior）矩阵，勾勒出几个创新空间。

此步骤会帮助我们对未来可能存在的颠覆式创新的空间提前有所判断。基于这个判断，我们能够决定是否要布局，或者是否要做防御性的准备。

即使不是颠覆式创新，TB矩阵也能帮我们找出新品类创新的可能性。新品类的机会，属于比较重大的创新。

趋势地图是重要的参考

在做TB矩阵的时候，可以参考本书中的趋势地图，其中有当前最引人关注的科技和社会趋势

客户行为趋势
从趋势地图中可以选择与自身所在产业、领域相关的趋势，但这些并不能替代自身所在细分行业的客户行为趋势。

技术趋势
在自身所在的细分领域中，有哪些技术发展趋势和可以应用的高潜技术？

在大的产业层面上，寻找重要的、可以驱动产业升级的技术。

主动了解和尝试能够成为基础设施的技术，寻找该产业中的应用机会。

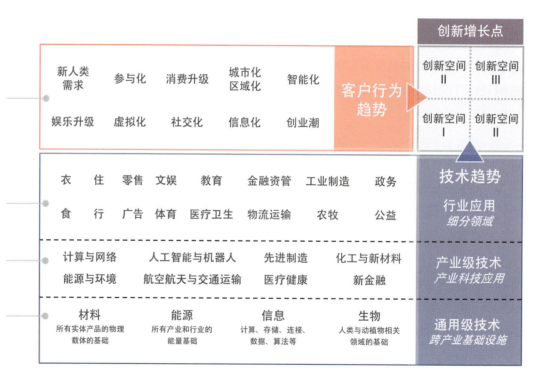

示例：小米从做手机，到寻求智能硬件创新空间

注：2013年上半年，小米公司在为未来的后互联网时代做创新布局。

创新空间的TB（Tech-Behavior）矩阵

技术趋势	成熟的客户行为	新的客户行为趋势
新技术趋势 • 人工智能 • 健康科技 • 无人机 • 机器人 • AR、VR	**创新空间 II** • 健康生活产品：空气净化器、净水器、口罩	**创新空间 III** • 极客酷玩产品：无人机、机器人、3D、AR、VR等
成熟技术 • 移动互联 • 各种家电 • 大规模硬件制造 • 工业设计	**创新空间 I** • 智能手机周边：比如智能手环、智能手表，以及移动电源、蓝牙耳机、音箱等 • 智能小家电：热水器、智能饭煲、扫地机器人	**创新空间 II** • 短途交通：平衡车、电动摩托车、电动滑板车 • 生活方式类的产品：旅行箱、床垫

成熟的客户行为：在线购买、高性价比产品、智能手机普及中国式健康

新的客户行为趋势：消费升级、年轻人娱乐酷玩、智能化

← 客户行为趋势 →

面对趋势，小米决定出手抢占这些智能硬件的市场：

创新空间 I
- 在智能手机的红利下，先抢占智能手机周边的产品
- 移动电源是智能手机最需要配套的产品，可以说是第一个
- 小家电做到极致性价比，这也是机会

创新空间 II
- 在雾霾经济下，空气净化器等有空间
- 在消费升级趋势下，平衡车、旅行箱等都是好的布局方向

创新空间 III
- 新生代+新科技，极客酷玩类产品在未来会形成增长空间

产业

II 产业价值链分析

产业价值链研究，
把整条价值链分析透

产业价值链分析，找到创新点

一切产业与商业的底层逻辑是价值增加，而价值链是骨架。抛开价值谈创新，是违背经济规律的，to VC模式只是一时的泡沫，在产业中更是行不通。

产业创新的起点，就是盘点产业价值链，找到做得不够好、可以大幅提升的环节，也就是寻找创新的空间。比如，传统零售行业，在传递价值的环节中效率低下、中间商层次太多，而互联网本身正是提升传递效率的利器，于是电商领域兴起。

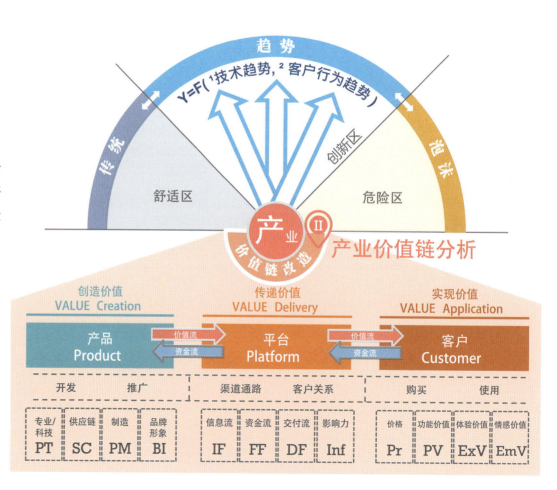

识别 产业地图

在产业地图中寻找到自己的定位

在产业地图中，要找到属于自己的产业和自己在产业中的定位。因为to C和to B两大产业形态有非常大的区别，所应用的产业价值链解析的链条也不尽相同。

在产业中，企业原来的定位也有所不同：有的企业以做产品为主，有的企业以运营平台为主，各有其规律。

传统产业有自身规律，互联网也非处处先进，所以企业不能盲目地互联网化。比如，对于B2B产业中的很多行业，互联网在传递价值方面并不先进。所以，互联网并没有神奇到无所不能，我们需要对产业链进行客观分析，找到真正的薄弱点以及可以大幅提升的环节。

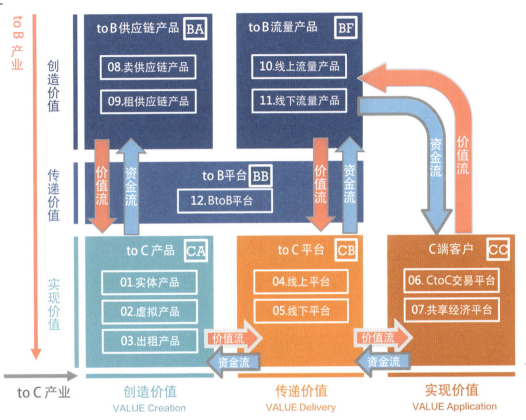

对应 产业价值链解析链条的种类（to C 两种）

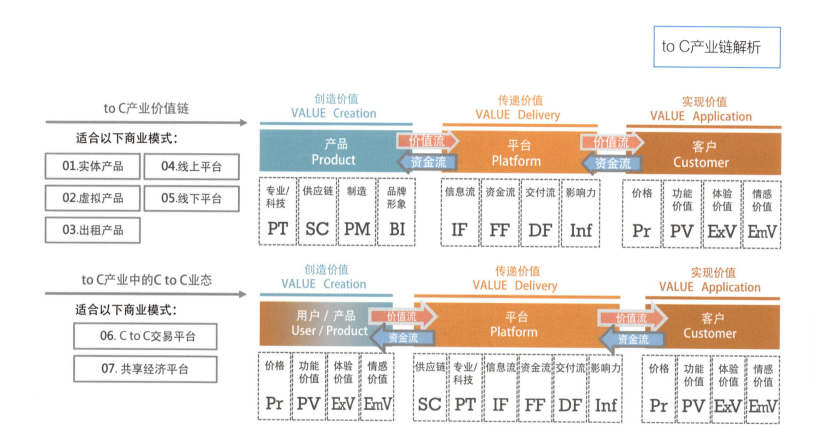

对应 产业价值链解析链条的种类（to B两种）

to B产业链解析

to B产业中的供应链产品产业链

适合以下商业模式：
- 08.卖供应链产品
- 09.租供应链产品
- 12.B to B平台

to B产业中的流量经济产业链

适合以下商业模式：
- 10.线上流量产品
- 11.线下流量产品

解析 产业价值链

接下来开展价值链解析，就是沿着价值链的各个关键环节，研究并判断得出整体水平。这里可以将产业价值画成价值曲线，在曲线上可以更加直观地看到"价值洼地"，这些地方就是未来产业和商业模式设计中可以大幅提升的创新点。

右图，以to C产业为例。

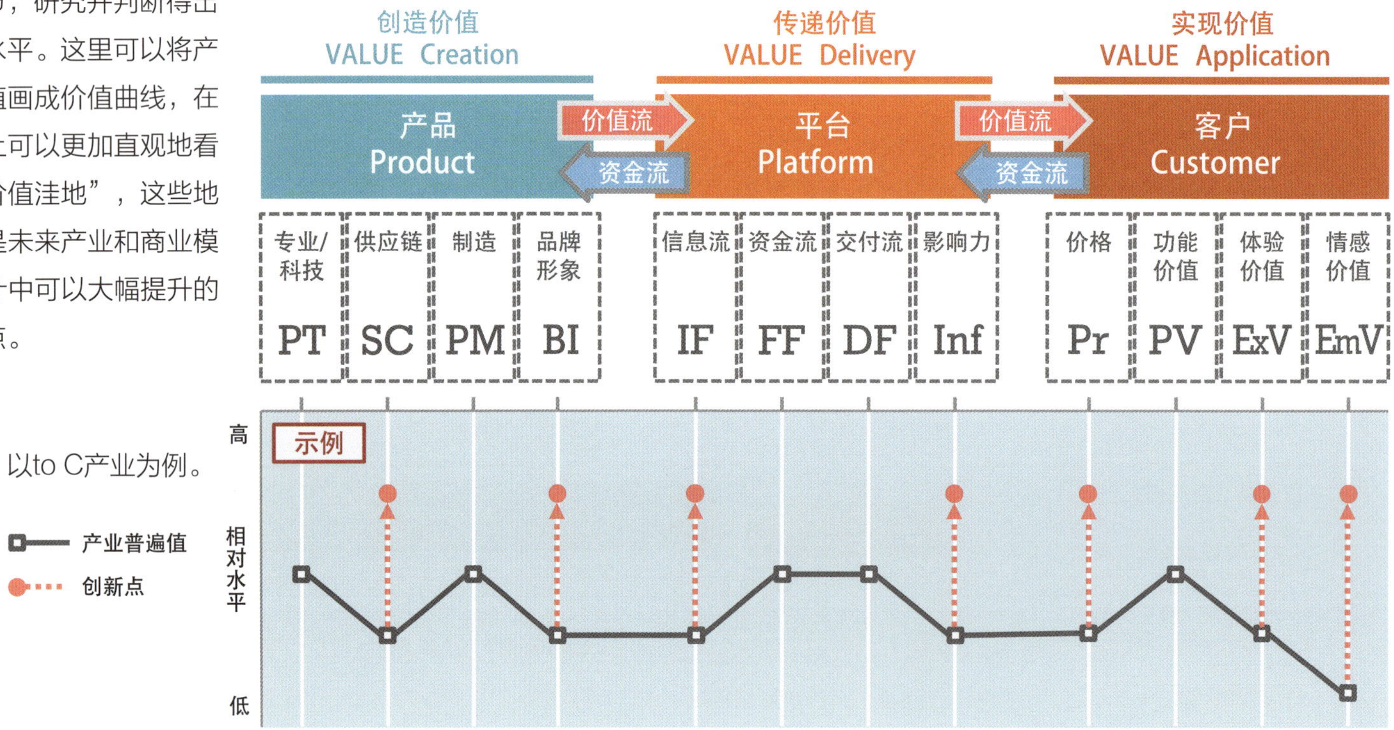

创造价值 VALUE Creation	传递价值 VALUE Delivery	实现价值 VALUE Application
产品 Product	平台 Platform	客户 Customer

专业/科技	供应链	制造	品牌形象	信息流	资金流	交付流	影响力	价格	功能价值	体验价值	情感价值
PT	SC	PM	BI	IF	FF	DF	Inf	Pr	PV	ExV	EmV

图例：
- 产业普遍值
- 创新点

纵轴：相对水平（高 / 低）

示例

产业价值链的解析，从需求端的价值分析开始

应该先做需求端的价值链解析。从客户的角度来分析需求，是需求导向的基础。

我们这里以移动电源行业为例。小米做小米生态链，布局智能硬件大领域，比较早地选中了移动电源行业，并投资了紫米公司。

在那个时间节点上，移动电源的产业价值链分析如右图。

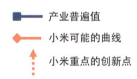

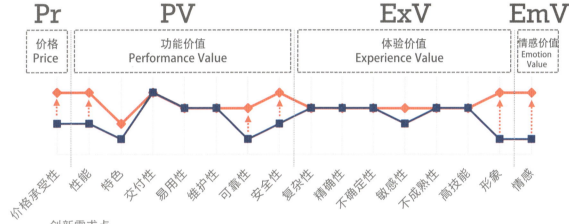

创新需求点

- 价格承受性，移动电源市场处于新兴市场，价格还没定型
- 性能好的移动电源非常少，但是用户又需要
- 可靠性，电源电量存储的缩水现象比较明显
- 安全性，移动电源需安全控制，有些会出现着火甚至爆炸现象
- 形象，普遍做工粗糙，不好看
- 情感，客户对移动电源没有任何品牌认知和情感连接

产业价值链的解析

对整条产业链进行分析，看通过哪些环节的提升，可以提升客户价值。

仍然以小米做移动电源的情况为例，看一下紫米公司与小米生态链的策略选择。

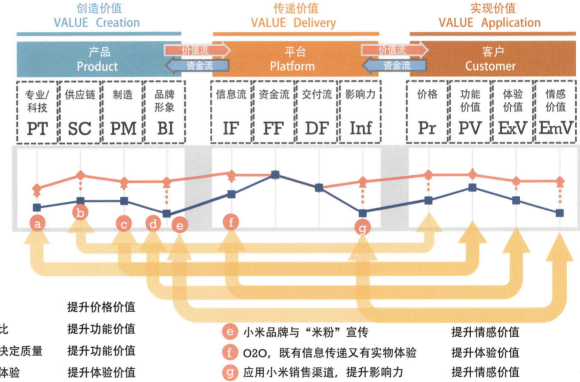

- a 能源科技，提升电池性能　　　　　　　　提升价格价值
- b 供应链重构，打造极致性价比　　　　　　提升功能价值
- c 小米模式的生产管理，稳定决定质量　　　提升功能价值
- d 卓越的工业设计，大幅提升体验　　　　　提升体验价值
- e 小米品牌与"米粉"宣传　　　　　　　　 提升情感价值
- f O2O，既有信息传递又有实物体验　　　　提升体验价值
- g 应用小米销售渠道，提升影响力　　　　　提升情感价值

III

定创新方向

设计、制定出要创新的目标价值点

根据两方面的分析,判定未来的创新点

通过趋势分析和产业价值链分析,挖掘出一系列可以提升的创新价值点。

但是,不管哪家公司,资源总是有限的,不能轻易铺开贪大。所以,要根据市场和自身的情况,重点选择要在哪个创新点发力。

未来的重要创新点,也是创新的成果面向市场展示出的价值主张。价值主张也就是要传递给客户的核心点。

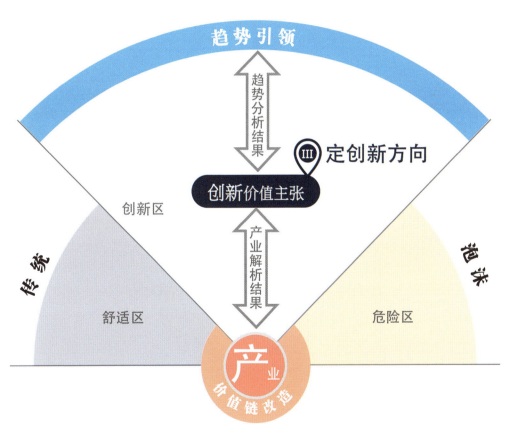

选择

要创新的目标方向与创新价值点

根据两个方面的分析，选择未来创新点

首先，从市场吸引力的角度来看，对于市场上的客户或用户来讲，要看创新是否有巨大的吸引力，是否可能产生让人"尖叫"的效果。如果创新点不能转化成市场对企业的正向认知，则市场吸引力就不够强。

企业如果能用上既有的优势竞争力，就更容易实现价值并取得成功。

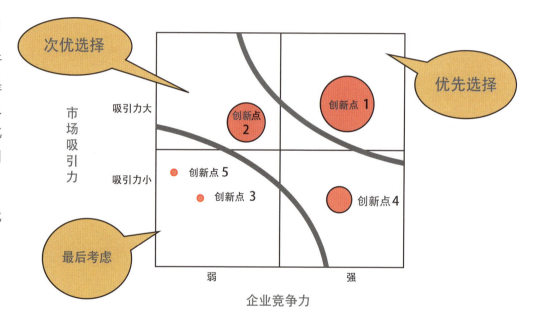

示例：小米做移动电源的选择

在移动电源领域中，有一系列可以提升的创新点，在此基础上，需要做重点的选择。

ⓐ 能源科技，提升电池性能 »提升功能价值
ⓑ 供应链重构，打造极致性价比 »提升功能价值
ⓒ 小米模式的生产管理，稳定决定质量 »提升体验价值
ⓓ 卓越的工业设计，大幅提升体验 »提升体验价值
ⓔ 小米品牌与"米粉"宣传 »提升功能价值
ⓕ O2O，既有信息传递又有实物体验 »提升体验价值
ⓖ 应用小米销售渠道，提升影响力 »提升体验价值

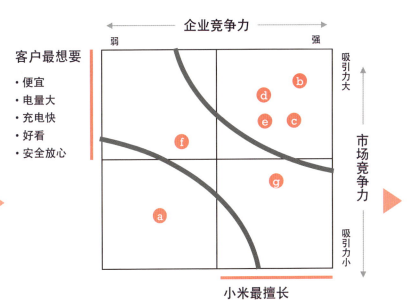

能力

Ⅳ

盘点人才与能力

识别创新价值实现所需要的人才、能力和资源

组织能力与资源建设

创新价值主张的实现，需要真抓实干，这完全要依靠与之匹配的组织能力和资源。

我们主要从三个方面来盘点和建设：

人才——创新的核心团队尤其是领导者是最重要的。

组织能力——组织的核心能力，是否能支持创新价值主张的落地。

资源——财务、合作伙伴等资源是否能够到位。

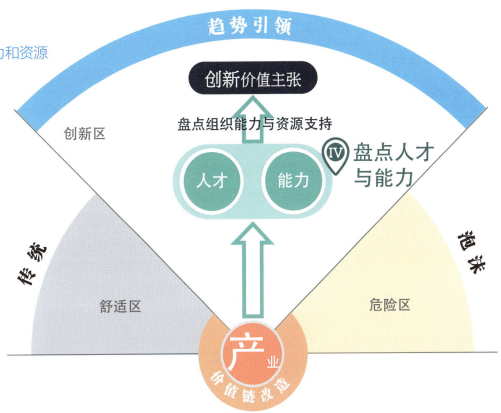

人才 用人，找到创新型人才

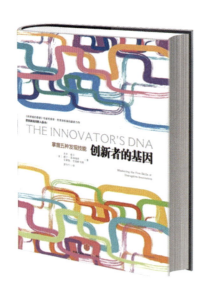

事在人为，创新要做成，首先要找到合适的人才。到底什么样的人适合创新、适合做开创性的事业？这是我们需要明确的。

近年来，克里斯坦森的《创新者的窘境》和《创新者的解答》影响并引导了商业领域的发展方向。现在，他的新书《创新者的基因》追根溯源，展示出创新的起点，挖掘出激发创意以改变世界的基本行为模式。这是2013年出版的最重要的书之一，也将在未来的若干年中成为创新管理者不可绕过的经典之作。

05 方法：企业创新5+2步法　213

克莱顿·克里斯坦森
Clayton M. Christensen

美国哈佛大学商学院著名教授，曾两次获得《哈佛商业评论》的"麦肯锡奖"，长年专注于创新管理研究，在管理思想研究领域成绩斐然。1997年，他出版了《创新者的窘境》一书，确立了其在创新管理领域的权威地位。

此书总结出了这些创新型企业家共同的思维特点和行为方式，从而提出通过质疑−观察−交流−实践−联想这一模式，可以造就创新者的DNA。

人才 创新者的基因，告诉我们谁是创新的人才

《创新者的基因》确实为我们勾勒出了具有创新特质的人，以及他们应该具备怎样的技能，才能更加适合做创新类的工作。

然而，这样衡量人才也存在局限性。有了这些DNA只能说明他能够在原有的业务上做改进性的创新。但是如果要做开创性业务、颠覆式创新，甚至是创业，仅有这些技能层面的特质是不够的。

人才 开创型人才，所需要的

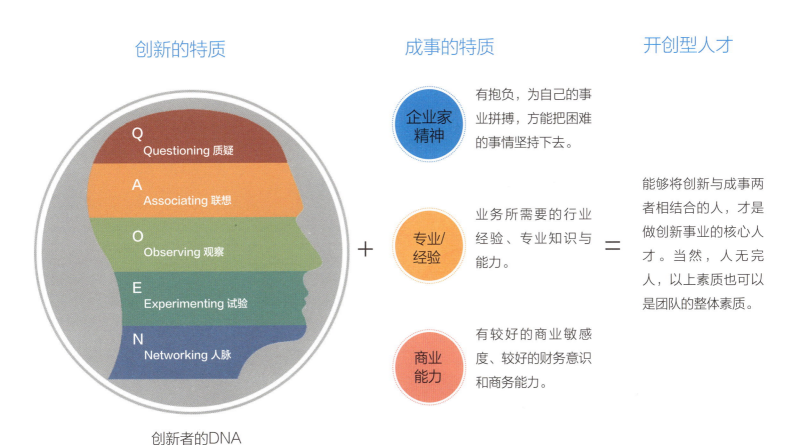

创新的特质

创新者的DNA
- Q Questioning 质疑
- A Associating 联想
- O Observing 观察
- E Experimenting 试验
- N Networking 人脉

成事的特质

企业家精神：有抱负，为自己的事业拼搏，方能把困难的事情坚持下去。

专业/经验：业务所需要的行业经验、专业知识与能力。

商业能力：有较好的商业敏感度、较好的财务意识和商务能力。

开创型人才

能够将创新与成事两者相结合的人，才是做创新事业的核心人才。当然，人无完人，以上素质也可以是团队的整体素质。

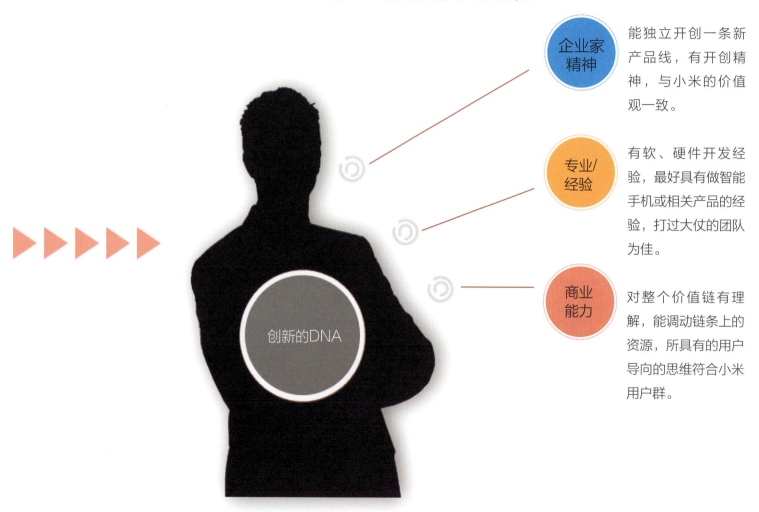

能力 价值实现（如何竞争）——所需能力

目前缺乏哪些能力？应该如何获得这些能力？

一家公司、一项业务、一份事业，本质上就是一个能力平台；能力组合过硬，就能实现高价值，并取得市场上的强竞争力。此外，组织能力的保障，能够长期延续价值创造能力，即使一个产品出了问题，还能再推出其他的优质产品。

能力平台一般可以从以下几个方面来考虑：运营能力、实现增长的能力、特殊资产、特殊关系。企业可以盘点其中哪些是此项创新事业所最需要的，自己是否具备，如果缺乏如何去获得。

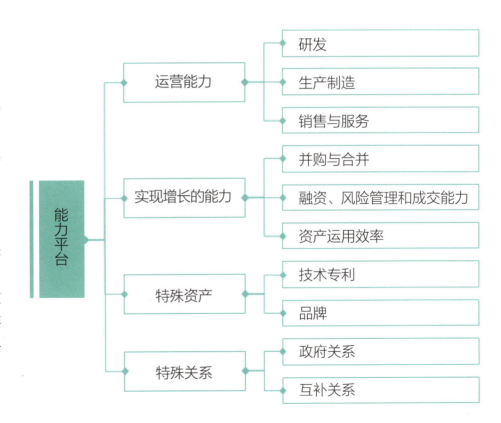

V

选择实现模式

选择落地实现的路径模式

创新所需的组织能力从何而来？

在这一步中，我们要解决所需要的人才、团队和组织能力从何而来的问题。只有这些问题都解决了，价值才能实现，路才能走通。当前来说，主要有三条路径：

- 内生团队——自己干或者企业内部组建团队。

- 资本运作——借助资本直接买来业务、团队、公司，或借助资本快速扩张。

- 投资创业——投资别人创新创业，将其塑造成自己的生态圈。

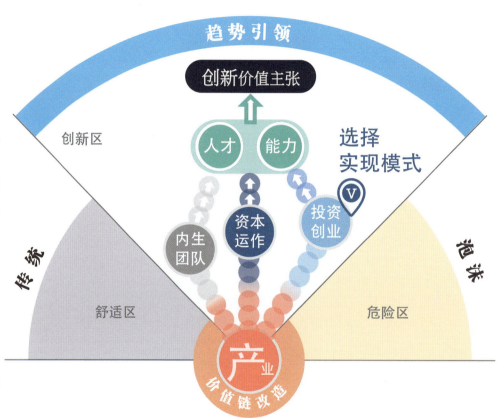

开放眼光，落地手法，选合适的路通向创新

创新者的窘境

我曾经服务过很多企业，有些是500强跨国公司，有些是行业领先的民营企业。这些公司的董事长中不乏高瞻远瞩、洞悉趋势者，但他们发起的创新也好、转型也好，大多失败了。其实方向大多找对了，但路走不通。

克莱顿·克里斯坦森
Clayton M. Christensen

谈起创新，无论国内国外，这是所有人都会推荐的一本书——《创新者的窘境》

克里斯坦森系统而透彻地揭示了为什么大企业很难创新。他一针见血地指出，良好的管理是导致这些企业衰败的原因，基于大公司运营的企业管理系统与创新天然相悖。

脱离人才和组织能力谈创新，大企业常犯这个错误

这就跟打仗一样。与守土不同，创新很像开拓之战，具有很大的难度和风险，但获胜后收益也大。打不赢的话，主要原因可能有三点。第一，团队不行，原来地里的农民，很难成为嗷嗷叫的战士；第二，资源不足，长途远征耗费巨大，补给跟不上；第三，将士不用命，打赢了归国家，打输了担责任，自己还有可能送命，收益与投入不符。创新的三条通路，跟这三个原因息息相关。

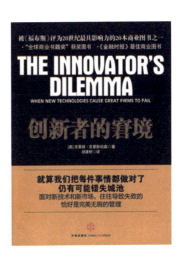

落地路径，创业者的挑战

创业者也存在落地路径上的问题，好的想法很多人都有，但能成功的凤毛麟角。大家都是"生于想法，死于执行"。除了像乔布斯这种直接胜在颠覆式创新上的伟人级的人物，绝大多数创业者还是在能力建设和执行落地上挣扎。

内生团队 内生团队的创新，核心在于人才

企业内部做创新，这是很多企业和企业家做创新的首选。企业内部创新，核心是一个"变"字，变的幅度决定了难度和成功率。内生性创新的关键驱动因素是人才。

这其中最核心的是人的改变。创新型人才十分稀有，企业里面圈养的"小绵羊"，很难被改变为狼，更何况是聪明的狼。

即使有这样的人，也要考虑企业的环境。大型组织对效率与规范的要求远远高于创新，束缚了创新性思维和尝试，同时，内部的监管和激励机制有利于顺从者而不利于创新者。企业坚持创新一段时间后，很容易又被同化到传统舒适区里去了。

企业一旦有了历史、规模，创新性下降是必然的。即使是BAT也是一样。一句话，缺乏创新型人才，没有陪养这些人才的环境。

所以，内生性创新适合于与原有业务跨度不大的创新。另一个解决办法就是企业一把手自己干，自己负责创新且自我更新。

内生团队 问大型企业：创新是多数人的事情吗？

传统企业，做创新转型必须想清楚的事情

从对这个问题的回答中会看出你真的对创新理解吗

他们面对转型的挑战和困境，也在寻求外界的帮助，常见的做法是求助于商学院的教授、咨询顾问、互联网名人等专家。如果你也是传统企业的领导者，当你面对一名创新和转型领域的外部顾问时，你可以先问他一个问题："对于传统企业来说，创新应该是谁来做的事情？"如果他的回答是"创新是所有人的事情"（很多人都是这么回答的），那么这个所谓的顾问就一定不靠谱，如果你依照他的建议来改造企业，就会走进死胡同。

对于绝大多数传统企业来讲，创新是少数人的事情！执行才是多数人的事情！

为什么不让多数人创新？

这些年来，我见过太多的传统企业在做所谓的"全员创新"运动，基本上做到后来都是浪费时间和资源，对企业没有任何实质性的帮助。企业的大小领导在大会小会上都在喊"创新"、谈"创新"，"创新"也赫然上墙成为企业文化的关键字；各个部门都想出了一些点子来响应创新的号召，此外，关于创新的各种评选和大赛也此起彼伏。

不过，在热闹了一阵子之后，你会发现其实企业没有什么实质性的变化，这些所谓的创新点子对企业真正实现"创新引领企业适应时代"几乎没有贡献。

相反，把大家都弄到创新中来，花费了大量的资源和时间，但创新热情难以延续，创新质量普遍很低，创新的成果在市场上没有什么竞争力。总之，这种大多数人做创新的事情，其实是划不来的。

内生团队　问大型企业：创新是多数人的事情吗？

传统企业，做创新转型必须想清楚的事情

这是为什么呢？我们简单分析后认为，主要有以下几个原因。

DNA障碍——不要妄图改变多数人

传统企业之所以叫传统企业，在于它们有历史、有文化。在以往的传统领域，它们取得过成功，有成型的做法与遗留下来的企业文化和行事准则。传统企业中的文化DNA，一般都是业绩和效率导向的，由职业经理人队伍和KPI管理来保障。业务创新所需要的文化DNA却正好相反，做创新必须是用户导向的，由具备企业家精神的核心团队和不断试验与迭代改进做支撑。而组织和人身上的文化DNA是很难改变的。职业经理人习惯了对上汇报和负责，习惯了朝九晚五的生活，习惯了规避风险赚取KPI，这些都是极难改的。

更不用说大批的员工，都是打工者，让他们真正成为企业的主人是不现实的。一家公司要创新转型，其推行改变的难度取决于你要改变的人数和DNA改变的大小。你要改变的人越多，越困难；你要改变的幅度越大，越困难。如果要改变很多人，DNA要改变的差异又很大，那么这几乎是不可能完成的任务。传统企业做创新和转型，一般都是DNA的巨大改变，所以绝不能妄图让多数人都改变。明智的做法是，让少数人来改变，或者让本来就比较喜欢创新和肩上包袱轻的年轻人来做。

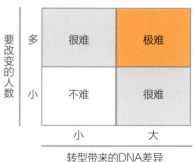

内生团队　问大型企业：创新是多数人的事情吗？

传统企业，做创新转型必须想清楚的事情

责任和激励都不明确——面对未来和现在，多数人只能顾一头

即使多数人愿意参与创新，但在实际执行的过程中也会很快退回原地，因为困难时有发生，激励机制无法配套。企业对大多数人的激励都是基于短期绩效的，是线性可预期的，一般靠经验和努力可以实现。但创新是高风险的事情，而且相对于传统业务既难做又缺乏积累。要想做好创新，往往需要团队"拼命"。多数传统企业的做法，往往使很多人既要做现有的业务，又要做创新。这说起来容易，但一旦实践起来，在碰到一些困难后，大家都会立马回到传统的事情上。因为创新往往是不确定的，收益又难以预期，而做手头上传统的事情，既容易又有可预期的回报。大多数人面对现在和未来，只能顾一头，而这一头一定不是未来。

人多意味着平庸和效率低——真理往往在少数人手中，而难以让多数人都满意

在传统企业中，越多人参与意味着越多人要提意见、越多人要投票、越多人要接受。这样做意味着要经过反复调研、论证、协调，过程必然漫长和效率低，结果必然平庸，因为需要多数人接受。这么干的话，企业往往抓不住创新的时机，而且创新的结果也不怎么具有"创新性"。

人才不匹配——创新的人要有梦想、有担当、有能力，这样的人是少数

有人可能会提Google，说你看人家怎么能人人创新。这里有一个前提，Google自己的定位是占据高科技制高点，招募的全都是全球顶级的A+类人才，因此招募每个人都要费九牛二虎之力。而对于这个星球上的绝大多数企业来讲，这个条件不成立也没有必要。现实情况是，传统企业中的大多数人都是打工者的心态和能力，不匹配创新的需要。大家都来创新，只能使创新成为一阵风的运动，时间长了还会乱套。即使像阿里巴巴这样的互联网企业，马云也不允许一般员工妄议公司战略。

内生团队　问题解答：明智的选择是少数人创新，多数人执行

传统企业做创新转型，要让对的人做对的事，找到创新人才让他们加油干

传统企业做创新转型，可行的办法是让少数精英来做创新，并且最好从传统业务中独立出来，而多数人不需要进入创新中，他们要做的就是执行。

少数人做创意精英——不要不相信，业务创新的主导依赖少数精英

创新要依靠前瞻的眼光，要善于抓趋势，而这些只有少数人能做到。精英能够在趋势尚未流行之前看到它，在此基础上的创新才能获得趋势带来的红利。而大多数人能够看到的所谓"趋势"，基本都是在其"流行"起来之后，但已经晚了。这就好像，淘宝已经家喻户晓，你再去开店；股市已经人人追涨，你才去开户。在苹果公司中，主导创新的就是其总部的工业设计部门那20多个人，他们决定了苹果的所有产品。

多数人为执行铁军——对于大多数人而言，纪律性和执行才是关键

虽然业务创新的主意来自少数人，但是策略一旦定下来，就需要强力执行下去。这时候多数人的贡献才会体现出来。然而创新必然带来与以往不同的业务，而人天生喜欢稳定不喜欢改变。这时候就需要一支打硬仗的团队来执行，这样的团队的特点是：纪律性强、执行坚决、结果导向。说到这里，我们就能理解在华为，为什么任正非不断地强调"艰苦奋斗"，即使是在华为最好的时候。这是因为，大企业一旦有了成绩，就容易滋生优越感和躺在功劳簿上享受高额的薪资福利、大量的带薪假期、成功积累的经验、外界的追捧等。一旦企业面临危机或者需要转型变革，躺在优越感和成功历史上的队伍，是最缺乏执行力的，他们无法割舍安逸的生活，无法投入到快节奏的创新转型中，无法接受改变带来的从头再来。在华为，如果你是上海这类发达地区的经理，那么你在上海最多干3年，然后就会被调到一个不发达的地区。因为华为绝不会让你长时间地待在舒适区。正是因为有了任正非这样拼命狠抓的"艰苦奋斗"，华为才能在一波一波的创新中取得成功。

内生团队　问题解答：明智的选择是少数人创新，多数人执行

传统企业做创新转型，要让对的人做对的事，找到创新人才让他们加油干

人才不匹配——创新的人要有梦想、有担当、有能力，这样的人是少数

创新要独立——让听得见炮声的人来呼唤炮火，让呼唤炮火的人听见炮声。你仔细区分一下这两句话，其实是不同的。让听得见炮声的人来呼唤炮火，是指一线根据前线实情来做决策，但这么做的前提是已有业务。传统企业的已有业务，往往所涉员工众多，区域多样，大领导要管辖的人数以千计，必然要采用金字塔结构进行分层管理，所以很难实时了解前线情况。但前线根据实情进行调整也只是在大政方针既定的情况下微调，所以权力要适当下放给听得见炮声的一线。但对于创新业务来说，让众多一线人员参与创新是不靠谱的，这会导致创新的设计和决策中有大量的"噪声"，从而使得效率低下。

但是面向市场和用户导向的创新又需要听到一线的炮声，所以必须让创新业务核心团队能够听见炮声。如此说来，创新业务既不能依靠广大一线员工的耳朵，又必须听见炮声，而且需要创新者自己去听。因此，创新业务需要跳出金字塔结构式的组织，独立于传统业务之外，形成小而精的"特种部队"。

传统企业做创新转型，可行的办法是让少数精英做创新，并且最好从传统业务中独立出来，而多数人不需要进入创新，他们要做的就是执行。

这种少数人和多数人的逻辑，代表着未来创新组织的趋势，就像现代战争中的做法：小股特种部队调动后台大批军事力量进行"精准打击"。少数人组成的创新团队了解用户的真正需求是什么，做的产品像巡航导弹一样，精准地打到用户。多数人就像航母上的战斗机、军舰上的舰炮、潜艇中的导弹、兵工生产和后勤补给等，他们要做的就是坚决执行和高效协同。

最后，传统企业搞创新转型，最重要的课题有两个：第一是如何找到主导创新的少数精英，如何能够吸引和留住他们；第二是如何保证传统业务团队的执行力，以及如何能够有效地调动资源支持创新。

内生团队　内生性创新，如何构建组织架构

姿势要适合自己，创新对于企业也是如此

从过去到今天，企业创新的方式有很多种，各有成功和失败的例子。比如，搞全员创新，丰田和谷歌成功过；搞小型产品单元创新，苹果和腾讯成功过；搞内部创业，芬尼克斯和海尔做得挺不错。但是，对于我们来讲，不能什么流行做什么，今天去学学丰田、通用电气，明天去学学腾讯、小米，这种皮毛功夫只会分散我们的精力和资源，不能实现真正的创新转型。其实不同的创新形式适用于不同的情况和创新类型，作为创新领导者必须明智地选择适合自己的类型。

在内生性创新方面，组织与人的架构，有五种基本形式：

1. 老板自己干
2. 一线广泛创新
3. 项目制创新
4. 独立产品单元/独立BU
5. 内部创业孵化

1. 老板自己干

事实上，创新由老板亲自领导，是最简单也是最有效的组织形式。这样保证了能够高效、有效、及时地调动资源。创新需要适应市场、持续迭代且有风险，而且只有老板的风险收益和责任，是与企业创新和未来的长期发展绝对一致的。而任何职业经理人的责任、风险和收益，与创新（尤其是大幅度的创新）带给他们的都有较大不一致的地方。

老板自己干，在创业公司是天经地义的。

在大型企业中，如果条件允许，创新也最好由老板自己领导。

内生团队　内生性创新，如何构建组织架构

2. 一线广泛创新

顾名思义，一线广泛创新就是鼓动全体员工开展创新。广大一线员工来创新，好处在于非常实际，他们都是直接面对经营前线的人。但他们创新有天然的障碍，即没有权限，而权限又不能随便被下放。比如，一个流水线上的普通工人怎么能随便更改工艺标准，一个普通的销售人员怎么能轻易更改产品组合呢？如果你说让前线的人做决策有利于用户导向的创新，那么谁能保证每一个前线人员的创新决策都真的是为了用户呢？即便每个人都一心为了用户，那谁能保证他们的决策都是对的呢？

所以，一线广泛创新的关键，就在于员工的创意想法与决策权限的连接。典型的方法有两种：提案机制和持续改善流程。

提案机制，就是让员工提创意给公司，由公司派人负责收集并分发给提案需要的决策部门或负责人，然后由该负责人决策是否采纳，如果采纳就进行实施。提案机制的本质，是让员工在一线的创意有一条到达决策层的信息通道。提案机制在企业中的应用已经至少有100年。仅美国就有6000家企业实施了类似的项目。每年这些员工的创新提案，为这些公司节省了20亿美元。目前，企业已经用IT系统和专业化管理的方式来实施提案系统，并提供真实的激励机制。维珍集团就有"开门政策"的提案

机制，为个人贡献者敞开绿色通道，使个人贡献者可以直接与领导者交流自己的创意。以中国移动为首的很多中国企业在这些年尝试了这种方式。

持续改善流程，是建立一套科学的、针对某些特定领域的改进模式和标准，员工掌握后可以自主对工作进行改进。持续改善流程的本质在于，在限定范围内通过培训和认证，给员工按标准进行改进的授权。最有代表性的当属日本丰田的质量改善QC和通用电气的六西格玛。

内生团队　内生性创新，如何构建组织架构

广泛创新的局限

- **参与程度的保证难度大**：员工需要切实的激励才会有意愿参与，提出的创新提案需要快速的处理与反馈，必须有一定的量才能形成良性循环来吸引大家参与。

- **管理成本高**：需要设置专门的负责创新管理的人员来应对大量的创新提案。

- **创新提案平均质量不高**：由于员工积极性、创新能力的局限以及滥竽充数等，创新提案的质量往往不高。

- **跨部门提案困难重重**：由于部门壁垒、跨部门信息障碍等，跨部门提案很难实施，大部分胎死腹中。

- **员工提案只注重节省成本**：员工难以对如何提高企业收入提出想法。

广泛创新的适用性

广泛创新这种创新组织方式，适用于既有业务的持续改善，而且以内部运营的改善为主。像丰田和通用电气这种企业，在这方面取得了成绩。拿丰田来讲，虽然其质量改善享誉全球，但是车还是那个车、业务还是那个业务，创新只局限于原产品的一点点改善。

Google为什么进行全员创新，还能做出这么多重大甚至是颠覆式创新？

商业界最有迷惑性的公司就是Google，因为Google招聘到了全球顶级的人才，其内部全员都是精英。所以，Google的员工可以积极创新，而且公司给了他们极大的自由度。如果你公司的员工，全都是超一流人才，你也可以进行全员创新。

内生团队 内生性创新，如何构建组织架构

3. 项目制创新

项目制创新是大企业为了创新设立的一个非常设项目组。这是大型企业经常采用的方法，并且项目组多为临时的，项目组成员多为兼职。由于公司业务创新会牵扯不同的职能部门，项目组常是跨部门组建的，涉及各部门人员。

由于项目制创新对现行的组织架构没有太大的改变和冲击，开启项目的难度较低，所以大型企业（尤其是国企和外企）都喜欢用这种方式。比如，太平洋保险集团前些年发起了"从自身产品导向转变为以市场为导向"的创新战略，在麦肯锡的咨询指导下，成立了12个项目组，专门开展12个专题项目。项目组由公司领导领衔相关部门参加。

项目制创新的好处是，能够将各个部门纳入进来，使其发挥各自的专长，整合各种资源。不过，项目制创新对于业务创新而言一般效果都不明显，最突出的特点就是项目组做出的创新结果，往往不怎么创新，这是因为这种跨部门项目制有很多的现实局限。

局限：得出的结果往往不怎么创新

- 成员责任性不强，又无法全身心投入。
- 面对挑战、压力、竞争等，缺乏攻关的态度和投入，往往敷衍和粉饰，报喜不报忧，因而产出结果平庸。
- 成员来自各部门，都会站在自己和部门的立场思考问题，所以项目要兼顾各部门利益，常常得出大家都能接受但没有创新的结果。

项目制创新的适用性

项目制创新方式，比较适合短期问题的创新解决，也就是说针对现有业务的渐进式改进，而不适合做真正的产品或业务创新。

内生团队　内生性创新，如何构建组织架构

4. 独立产品单元/独立BU

在用户导向、产品为王的今天，真正大行其道的创新组织形式是——单设产品单元或者独立BU。团队以产品为核心，其中核心队伍是全职投入，由产品经理或者总监总负责。产品单元集用户研究、需求判断、产品设计、技术开发或引入、商业计划各项工作于一身，俨然一家小型的独立公司。

这样做的好处是，有一支强干的团队直接负责以产品价值对接用户需求，责任明确，决策高效，行动快速。目前的互联网公司几乎都用这种模式，比如腾讯内部就有很多所谓的"工作室"，其实就是产品单元。

当产品的业务量达到一定规模，业务所牵扯的面越来越宽，需要的人员越来越多时，就可以设置单独业务单元BU，比如腾讯的各个事业部和事业群。

总之，独立产品单元/独立BU方式的好处在于专人专事、精兵强将，是现今比较有效的做产品创新和业务创新的方式。但这种方式对传统金字塔式的组织架构有较大冲击，可能与传统业务的大佬有冲突，一不留神就会被"捏死"在初期。

独立产品单元/独立BU的适用性

这种方式对于大部分企业来讲，会更加有效。专人专事、新人干新事，是当前效果比较好的方式。

问题在于人才匹配度，也就是专职的那个人，是不是创新型和开创型人才。

如果人才够强，还需要考虑组织激励问题，保证人才愿意付出，这样创新才有回报。

内生团队　内生性创新，如何构建组织架构

5. 内部创业孵化

内部创业孵化，即由内部员工以更加独立的组织形式进行创新，以一定程度的占股和内部事业合伙人机制为组织支持，使得员工不再仅仅是打工者，而是在内部的平台上开展自己的一番事业。这种模式在业务创新和颠覆式创新上有独特的优势，因为创新工作异常艰难和高风险，只有创新创业相结合才能使得双创团队在决策、行动、风险、收益上取得统一。在这种统一下，创新人才有绝佳的企业家精神，既能够全力以赴去克服困难，又有足够的敏捷速度，还能够聚焦于市场和用户。相比之下，职业经理人队伍大多不具备这种企业家精神。

在双创氛围浓厚的今天，内部创业孵化成为一种流行趋势。很多企业正在开展内部创业孵化，部分取得了不错的效果，比如芬尼克斯的裂变式创新、海尔的小微组织、万科的项目合伙人、美的的内部创业。

这种方式与独立产品单元/独立BU之间的差异，就在于那个产品或业务单元是否持股。其实，越是传统的企业，越可以考虑以内部创业孵化的方式，来吸引和留住有能力、有潜力的创新人才。这是因为这些传统企业品牌已经不是最耀眼的明星，对年轻人的吸引力在减弱。传统企业经过长期的业务经营，制定了稳固的金字塔式的组织形式。此时更愿意长期留下的员工都是"听话的小绵羊"，而有想法、有能力做一番事业的"狼"性人才都倾向于出去创业。

相反，BAT反倒不怎么用内部创业孵化的方式，而是直接用产品单元/独立BU方式，因为今天其品牌已足够有吸引力，很多人才愿意在这里努力工作甚至拼命。

不管怎样，对于企业来讲，需要挖掘内部有创新创业能力和潜力的人才。

内部创业孵化的适用性

有规模基础的企业，都可以尝试这种方式。这种方式尤其适合传统的企业和品牌。由于企业品牌缺乏吸引力，那么想让一流人才在自己这里创新，可能需要通过分享产生吸引力，内部创业孵化就是方法。

另外，吸引外部人才到企业内部创业也是一种可行的方式。

资本运作　资本运作，投资收购

创新的另一种方式，是借助资本的力量，直接做资源整合，或者大大加快自身的发展。中国的发展节奏偏快，创新红利的窗口可能转瞬即逝，靠自己内生性发展有可能太慢而错失机会。所以，即使是产业人士，也应该考虑资本杠杆。

如果对于自身要达到的创新目标，在人才和组织能力方面有较大的缺口，并且通过招聘等方式解决需要较大周期，那么可以考虑直接从市场上收购成型的公司和团队。这相当于花钱买时间和能力。如果自身财力资源不足，可以启动资本市场上的融资。

最近有一位做传统医药的企业家朋友，跟我们分享了他正在做的项目。他开了两家专科医院，由于其医疗行业的背景、质量和服务都很好，效益很高。他计划将模式进行复制，做连锁，每年再开几家医院。我们马上反问：既然形成了模式，为什么不找资本融资，直接开100家？可见，很多传统企业家都缺乏与资本联动的意识。

示例：Intel在人工智能上的重要收购

Intel布局所有在AI领域可能的芯片与生态，与Nvidia的"芯际争霸"战争才刚刚开始。

2017年3月，以153亿美元收购Mobileye

2016年8月，以4亿美元收购。深度学习和神经网络的加速引擎和生态系统

2016年8月收购，嵌入式低功耗计算机视觉芯片，VPU端智能

2015年6月，以167亿美元收购。FPGA与Xilinx几乎半分江山；2014年收入20亿美元，毛利达66%

投资创业　投资创业，布局生态系统

创新型人才，为你所用，但未必为你所有。A类人才，往往不愿为你打工，或者你给他钱，或者你给他股份，或者你投资他创业。

对外寻找优秀的创新项目、团队，对其进行战略性投资，共同协作，形成生态链。这样做的好处有很多。对外开放一下子打开了视野和资源圈，优秀的创新人才有很多，未必要自己拥有，也可以为自己所用。对对方的投资未必要收购或控股，这样还能够保持该团队的创新创业精神，对这块业务的持续增长甚至是指数级增长有很大的好处。

此外，这样的投资具有较好的灵活性和杠杆效应，未必一下子动用很多资金，但能够产生联盟和协同效应。如果对方发展得好，可以进一步投资甚至进行收购；如果对方发展受阻往往也能接受。对于上市公司来说，对外投资和建设生态还有利于拉动市值增长，有利于市值管理。

当今各大巨头都在大力建设自己的生态系统，其采用的主要方法之一就是利用投资的方式，纷纷设立专门负责创投的部门，最早这样做的可以说是Intel Captical。Intel创建了最早的公司创业投资（Corporate Venture Capital，CVC）。

投资创业 公司创业投资（Corporate Venture Capital，CVC）

什么是CVC

公司创业投资：主营业务为非金融类的企业所从事的创业投资项目，或其下属部门或公司对投资组合企业所进行的直接投资，这种投资意在寻找与母公司战略技术相适应、能够产生协同效应或者有助于节约成本的适合的投资机会。

有别于专业风险投资VC，本来不是做金融投资类的公司，为了财务或创新战略，以公司的名义做风险投资。

类似滴滴、Uber这种诸神之战，都是CVC的手笔。企业级投资，是商业生态系统的主要工具之一。

中国都有哪些CVC

- 互联网大鳄"TABLE"系，以互联网和移动互联网投资为主，分别是腾讯系（T）、阿里系（A）、百度系（B）、雷军系（L）、周鸿祎系（E）。

- IT系，以投资IT相关行业为主。例如，联想集团设立了弘毅资本、君联资本、联想之星和乐基金，覆盖天使、VC、PE全部创业投资市场。

- 家电系，以智能家居投资为主。例如，海尔设立了海尔创投，TCL设立了TCL创投。

- 汽车系，围绕汽车产业链上下游进行投资。例如，北汽集团、大众中国等都已布局做投资。

- 医药系，以生物技术相关行业为主。例如，复兴集团下的复兴平耀、复星昆仲等。

CVC的意义

- 生态布局：企业可以围绕产业进行投资，以弥补产业链上的不足，获得外部的先进技术，增加自己的竞争筹码，寻找企业新的利润增长点，打造联动的生态系统。

- 外部创新人才整合：解决了大公司创新不足的问题。通过公司创业投资可以快速获得外部的先进技术，间接提升自己的创新能力，寻找威胁或帮助企业发展的机会，确保自己的行业领先地位。

- 市值管理：大企业通过CVC获得科技概念，也可适时收购，为创新创业公司与其他VC打造推出通道，从而使自身市值得以提升。

三条路径的比较

	内生团队	资本运作，投资收购	投资创业，布局生态
好处	• 听话、可控	• 发展速度快 • 财务可并表 • 可控	• 选择面广，不局限于所在细分市场和领域 • A类人才聚集 • 相互协同，可形成生态
弊端	• 缺乏开创性人才 • 容易受老业务影响 • 发展速度容易慢	• 一次性投入大 • 被收购团队容易流失 • 文化整合难	• 可控性弱 • 纯财务角度有风险
适合	• 原有业务的改善 • 正处于强势的公司或品牌	• 多品牌、多品类、多行业布局 • 标的为已有基础的品牌或公司	• 跨领域、跨品类创新布局 • 有新科技概念的领域 • 长期绑定A类人才与团队

示例：小米的选择，投资创业，打造小米生态链

基于当时小米的判断：IOT时代一定会带来巨大的机会，又结合小米的实际情况，小米认为，在其主业——小米手机领域中的攻坚战还没有打完的时候，小米内部既没有精力，又没有人力，也没有专注度来做IOT。所以，内生性创新做移动电源这种硬件，是不能被选择的。

经过思考，小米决定用投资的模式介入IOT领域。但是，中等规模以上的公司性价比不高，于是就投资于初创公司，并用投资+孵化的方式抓住时代趋势，这是小米当初的理论基础。

2013年8月，小米开始启动这一战略，最早的项目是小米移动电源。小米投资了一家创业团队——紫米公司。紫米公司当时成立只有一年的时间，CEO张峰和他的团队，有多年做手机的经验，做过GSM、小灵通等技术，是一支非常强的团队。

除了移动电源，小米又投资了很多硬件公司。在过去两年里，小米大概看了600多个团队，一共投资了50多家生态链公司，90%都是创业团队。最小的就一两个人，最大的可能几十个人。像小米网上的米家电饭煲、平衡车、净化器、净水器、旅行箱等都是由这些生态链公司做的。截至2016年年底，有20家公司发布了产品，收入超过1亿元的公司有7家，销售超过10亿人民币的有两家，其中最大的一家在2016年卖了17.5亿元。估值最高的有4家，就是超过10亿美元的独角兽公司。

产业创新导航图

一张导航图,五步骤战略制定

基于产业价值的商业模式创新,其战略制定的流程分成五个阶段:趋势分析、产业价值链分析、定创新方向、盘点人才与能力以及选择实现模式。

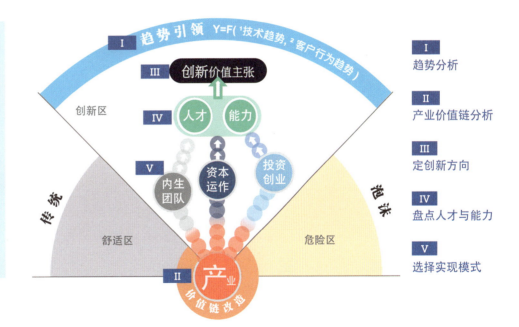

I 趋势分析

II 产业价值链分析

III 定创新方向

IV 盘点人才与能力

V 选择实现模式

企业制定创新战略时的内部困局

有外部人来踢门,打破内部高管团队的温柔乡,打开视野,充分讨论,找到创新战略方向,并形成可以落地并迭代的行动

内部还是外部?

企业在寻求创新战略时,到底应该由自己人来研究和制定,还是由外部咨询顾问或专家来帮着做,这是个问题。

完全由自己人来做,必须保证参与者有广阔的眼界、对产业和趋势有一定的研究且要脱离自己部门和职务的本位主义。这种方式得到的产出可能是一般的或者停留于口号。

如果完全依仗外部,那么后续落地执行会成问题,而且在当前这个时代,一次成型的战略不大靠谱,需要过程迭代。

一旦进入创新或转型期,企业就面临着方向和执行的双层问题,此时简单的咨询和培训都无法帮助解决,战略工作坊是最为适中和有效的方式,再配以适当的培训则效果更佳。

战略及业务模式不清晰
- 传统业务模式受到跨界对手的挑战
- 自身未足够明确未来的创新模式
- 由于业务惯性,战略创新落地困难

对创新理解不足,资源配置不合理
- 对创新和转型的认识浅薄
- 定战略时过于乐观,执行时过于悲观
- 脱离人才制定战略
- 战略资源布局和优先级四平八稳,缺乏必要的取舍

企业从创新、转型到落地执行的挑战

市场环境变化太快,来不及转型
- 只关注业务细节,缺乏对转型的思考
- 刻舟求剑的静态战略,缺乏不断迭代的动力
- 不能正确理解高管团队在战略执行工作中的责任

组织缺乏狼性,执行不到位
- 习惯从部门利益出发
- 对变化不敏感
- 不能理解及时补位的重要性
- 缺乏驱动团队工作的技能和技巧

创新战略工作坊

在创新工作坊中,有外部导师,促进企业核心团队进行创新战略5步法的应用

	I	II	III	IV	V
	趋势分析	产业价值链分析	定创新方向	盘点人才与能力	选择实现模式
方法步骤	大局着眼,对当前及未来的发展趋势进行分析判断	产业价值链研究,把整条价值链分析透	设计制定出要创新的目标价值点	识别创新价值实现所需要的人才、团队与组织能力	选择落地实现的路径模式
目标结果	大机会、品类需求	产品需求、价值增长点	创新增长、核心价值主张	核心竞争力、资源规划	三大路径的选择
描述	跳出自我小圈子的局限,看大趋势的发展。尤其从科技发展趋势和客户行为发展趋势两大方面来研究,从中能够判断出颠覆式创新的大机会,或者能够看出市场上会有哪些新品类的需求	沿着产业地图展开to C产业价值链和to B产业价值链,打开价值链的每个点分析,从客户端的价值分析中找到潜力需求点,从企业端的价值分析中找到价值增长点	根据前两个步骤的分析,结合自身情况,设计出要做创新的价值着力点,即我们到底要满足客户的什么价值诉求,提升产业中的哪个或哪些价值点	欲达成所需要的创新价值实现,需要匹配哪些核心人才、团队以及组织能力,所以要盘点我们有哪些,还缺少哪些	创新的实践落地,要依托组织能力的实现路径,即内生团队、资本运作和投资创业。根据情况,企业从中选择合适的模式
相关内容与工具	·技术应用地图 ·趋势地图 ·TB矩阵 ·创新战略工作坊	·to C产业价值链 ·to B产业价值链 ·产业地图 ·价值需求解析 ·产业价值链解析 ·创新战略工作坊	·产业创新导航图 ·创新选择矩阵 ·创新战略工作坊	·人才盘点 ·组织能力盘点 ·创新战略工作坊	·内生性创新 ·产业资本运作 ·投资生态布局 ·创新战略工作坊

创新战略工作坊

工作坊，通过有力的促动，使得团队内生对于创新战略或转型的共识思路、关键战役和推进方法

XXXX战略研讨会-共识
2016年5月2日、3日、4日

	战略创新视角		战略定位视角			战略规划视角						战略能力视角	
	问题	共识答案	问题	共识答案		核心问题	关键任务	衡量指标	时间	负责人	关键人&团队	管理与组织要点	
面临哪些变化	技术的变化：纳米技术、内服型护肤品、肌肤测试与肌肤料理机（Newskin）、大数据应用/云计算、可穿戴设备、人脸识别/微整形、3D打印、人工智能、VR-AR、无人机、物联网		核心用户	人群4 自然护肤实用主义18~25 人群6 选择可靠口碑护肤白领"25~35" 人群1 偏好社交敢于尝鲜的成熟女性"36~45"		品牌	品牌定位和策略清晰与优化，用调研的方法	品牌指导书终版、管理层达成共识，24人签字	6月30日	XX	核心项目组	建立项目管理机制
				人群分类	1 4 6								
				优先级	优先3 优先1 优先2		品牌战略的落地计划（产品、行销、形象）	梳理现有方案，管理层一致通过，分工明确	7月31日	XX	市场部 销售部	1.建立明确的职责分工，跟进流程，反馈机制 2.制作内宣视频，进行内部的宣讲、互动 3.品牌价值观在各部门正确落地、理解 4.建立评价、奖励机制
	用户的变化：消费升级、朋友社群口碑与交流、文化价值与诉求多元化、多场景（夜店/办公/家庭/户外）、相信科技化手段、专业仪器的日常化应用）、私人顾问/个性化定制/立体化服务、家庭化消费需求、美服保险需求、中性化/男性比例更高			消费能力	165 164 229								
				城市分布	人群1：全国平均偏北方 人群4：东部3、4线城市 人群6：东、南、西平均、1、2线城市为主		听到、听懂、打动一推广策略和传播规划	报告和方案	9月30日	XX	市场部 文化部 行政部	建立由内而外、由近及远的推广机制。市场牵头，文化部和行政部推动，保障对内、对外的一致性
				购买渠道	人群1：KA、CS 人群4：个护、电商、CS、百强 人群6：电商、百货、个护、CS、电商								
	社会环境的变化：二胎、环境污染、双创、跨境通的落地、新常态、资本的力量对化妆品行业的影响			身份	人群1：蓝、灰领 人群4：小白领、学生 人群6：白领		产品	基于未来洞察的品类/产品36个月规划与储备，锁定12个月的产品日历，新品审定会	新品日历（5月底锁定6个月日历，6月底锁定12个月）	8月30日 5月31日	XX	关键人特征：战略思维/前瞻性/渠道发展/研发技术/专业知识 PM/协调，团队管理能力 开放与持续学习心态与能力 责任感、抗压能力	激励：小微组织/合伙人 培训学习：传帮带 外部资源：投资参股/收购
哪些创新机会	1.数字化导购/智能云店 2.高效中草药产品 3.可食用化妆品，无防腐剂产品 4.多场景应用（基于使用场景的推荐、组合） 5.三层定制化产品，实时监控，C2M产品，自制产品DIY		用户需求	产品功效	人群6 性价比、功效	人群4 安全易吸收 自然、清爽	人群1 高滋养、抗衰老、性价比						
				服务体验	SPA美容、美甲、美体（虚实）/ 高品质生活的信息指导	实习机会及职场 TIPS/ 心灵鸡汤	专家讲座/小鲜肉/养生TIPS/跨界满足婚恋及育儿压力	产品	开放式平台，寻求全球/全国/各行业资源和技术/专利，在可感知的本草/科技/功效领域取得突破	方案	7月31日	XX	产品部	激励：增量收益 培训学习：在实践中总结与分析 外部资源：代理/合作（OEM/ODM）
					完善基础服务（尊重感）、社交（注重精神层面）								
				价值情感	文化诉求可靠、和谐、缓解压力追求健康生活、暗涌	被理解、认同、释放、自由、炫耀、彰显社会地位、宣泄	关怀、找回自我（疲乏、缺乏安全感）		梳理简化，突出重点，聚焦补水/面膜/轻抗痘类，打造爆品	明星品打造营销方案（含销售）上、下市管理制度	5月31日	XX	销售部	激励：重复项目并线作战 培训学习：外部专业/企业顾问一对一辅导 外部资源：XXX等第三方组织合作

创新战略落地+2步

制定创新战略后,为了能够有效实施,还需要后续的计划实施和管理迭代。

产业创新的设计必然要突破自身局限,包括:传统思维局限、自身业务局限、人才局限、财务资源局限等。

	VI	VII
	计划实施	管理迭代
方法步骤	制订具体实施计划	过程管理与适时检验迭代
目标结果	创新实施计划、财务预测	演进与改进
描述	根据创新战略与模式路径,做财务预测,并制订具体的实施计划	在创新的实施过程中,要进行过程评估与管理,并适时进行检验迭代
相关内容与工具	• 创新战略工作坊 • 财务预测	• 创新战略迭代会

落地

VI 计划实施

制订具体实施计划

形成关键任务和行动计划

战略定下来后，要根据所要打造的创新点以及所需要建设的组织能力，将其转化成可以落地的行为策略和计划。

这一步必须将任务落实到人，并且要有具体的财务规划。

有了财务规划之后，明确所缺乏的资源，就可以定下来投融资策略和计划。

从战略规划到实施计划

创新战略	创新价值主张 组织能力建设规划 落地路径选择
关键任务和计划	团队组建 关键任务 工作计划
财务预测	计算所需要的投入 计算未来的收益 计算现金流计划
资本计划	融资计划 投资计划

小米电源？

- 99元的性能，价格却要求69元，极致性能与价格强烈矛盾
- 从技术、外观、工艺各方面看，不是要好，是要足够好
- 借鉴小米模式的效率，超一流的供应商是最便宜的，要把供应链当作自己的工厂，实现与供应商的双赢是关键
- 借用小米的品牌和渠道，快速形成爆款和品类杀手

示例：落实到组织能力

● **供应链重构，大幅提升性价比**

- 采用超一流的供应商的成本是最低的。
- 材料的通用性对价格帮助很大，有的人为了降价去换材料。其实材料只要不通用，对你的价格就没有帮助。

● **小米模式的生产管理，稳定决定质量**

- 小米模式的效率优势使得整个团队的费用在产品成本中占比比较少。
- 工厂的平稳生产，对产品的价格有决定性的作用。

● **卓越的工业设计，大幅提升体验**

- 在设计上采用了航空铝材料，一体成型，体积小巧，按键大，很便捷，外观简洁大气。

● **小米品牌与"米粉"宣传**

- 紫米公司在其产品上使用小米品牌，利用小米粉丝的情感价值快速发展。

10400 mAh
小米移动电源
全铝合金金属外壳，LG/三星进口电芯

¥69

2013年12月，小米推出移动电源产品。

10 400毫安时的容量，售价却是逆天的69元。当时10 400毫安时的移动电源，市场售价在100元这一档。

小米移动电源内置了四节LG/三星18650锂离子电池（全球顶级供应商），也是目前笔记本电脑大量使用的标准电池，每节容量为2600毫安时。而通过搜索发现，目前市面上配备进口电芯以及同等级别容量的移动电源，其价格普遍在150元上下。

这一移动电源的外观设计独树一帜，简洁大气。小米品牌在移动电源这一品牌缺失的新产业中，很快夺得主动地位。

目前，小米已经占据了移动电源市场80%的市场份额。

同时期的移动电源，"丑"就一个字

迭代

VII

管理迭代

过程管理与适时检验迭代

根据市场的反应，调整和修改商业模式与计划

在创新的实施过程中，要进行过程评估与管理，并适时进行检验迭代。

无论是什么样的组织，创新相当于创造一个全新的商业模式或者重新思考现有的商业模式，这都不会是一蹴而就的。在实施过程中，一定会受到内外部因素的影响，同时免不了会出现当初预料不到的问题。传统的战略规划那种一次成型的方案，已经过时了。

在实施过程中，不断地评估过程，扫描环境，主动理解内外部因素带来的影响，并根据情况持续迭代改进，这些都是必要的。在当前的时代背景下，主动地适应相应市场的演变也越来越重要。

在成熟企业中的关键点

- 跟进与评估机制：企业对于创新的单元或者所投资的创业团队，都需要有一个阶段性沟通、跟进、评估机制。对于创新者而言，过程要授权，关键节点要管理。

- 事为先，人为重：事情要做对，人才尤其是一把手更重要。过程要从对事、对人两个方面来看。如果人是对的，就大力支持和激励；如果人不对，就要果断干预。

- 管理协同和冲突：创新模块可能需要与原有的业务板块或部门并存，新老模块之间很容易存在合作上的问题。对于这些，企业都要有所准备，主动探索协同的可能，积极面对障碍。

- 定期的正式沟通讨论：创新不可以闷着头做，也不能一条路走到黑，企业在迭代的过程中要做必要的信息互通。正式的沟通讨论，甚至是做迭代研习会（workshop），都是好的方法。

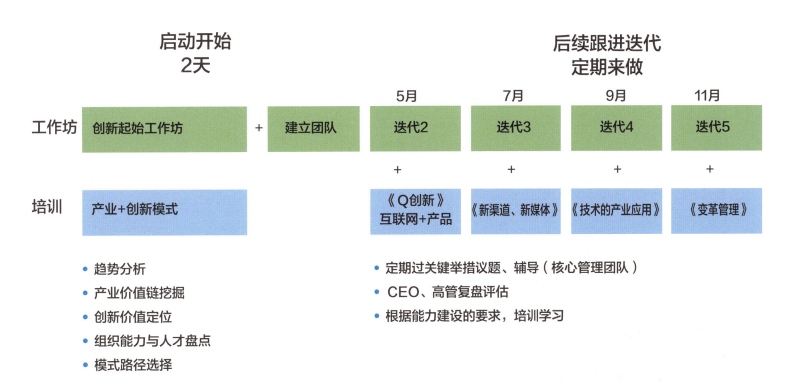

产业创新5步法造就汽摩领域的"蚂蚁金服"

传统汽摩制造商，布局产业、互联网模式与生态

作者实操案例

以下是我们亲身操作的一个完整地应用产业创新5步法，玩转商业模式的案例。

宗申集团，作为传统产业公司，如何适应新的时代，抓住产业升级契机，打造产业+互联网+金融的生态平台。

宗申集团始创于1982年，总部坐落于重庆市，现已成长为一家总资产和销售收入均已突破200亿元人民币的大型集团企业。宗申制造工厂（或子公司）遍布中国重庆、广东、江苏、河南、河北、天津等地，以及越南、泰国、巴西等国，正逐步成为"世界一流中小型动力系统集成服务商"。

宗申集团是中国汽摩行业的代表性民营企业，连续16年入选重庆工业50强，连续入选重庆市"纳税50强"，是中国民营企业500强、中国机械500强、中国制造500强，并入选中国企业500强。

在新常态下，面对变化，宗申集团的高层一直保持着警觉和敏感性。虽然汽摩产业是很传统的领域，但宗申还是在寻找产业与未来趋势相结合的机会点。

2016年，宗申找到我们，希望能够从我们这里找到未来的发展趋势，寻找一条产业结合互联网的道路。我们与宗申联合开始了产业互联网的探索，一起发起了"车云金服"项目，通过几个月的研究和实践，应用产业创新5步法，设计了一整套产业升级的方向和生态型商业模式。有了方向和路径，我们联合成立了车云金服公司。

趋势分析

首先我们分析了宗申所在的汽摩产业相关的科技与客户行为趋势。

面对趋势，我们发现汽摩产业相比于C端消费领域而言信息化程度差，但仍有很多机会。

I 趋势

技术趋势：
- 新技术趋势
  - 人工智能/大数据
  - 互联网金融
  - 智能制造
  - 新能源
- 成熟技术
  - 移动互联
  - 大规模硬件制造
  - 在线支付/结算

创新空间的TB（Tech-Behavior）矩阵

创新空间 II
- 产业互联网金融服务
- 汽摩行业的大数据服务
- 智慧工厂

创新空间 III
- 大规模定制生产
- 新能源汽摩产品
- 自动驾驶汽车

创新空间 I
- 汽摩企业的信息服务SAAS
- 汽摩行业的B端结算平台
- 汽摩客户的C端在线支付

创新空间 II
- 汽摩二手车交易平台
- 汽摩配件交易平台
- 车主服务业务，如洗车、保养、事故处理等

成熟的客户行为：
- 金融需求迫切
- 传统产业信息化
- 去中介化
- 制造业效率提升
- 在线交易

新的客户行为趋势：
- 个性化定制
- 二手车需求提升
- 智能化服务
- 一站式服务

客户行为趋势 →

创新空间 I
- 汽摩领域中小企业众多，信息化落后，需要汽摩企业的信息服务SAAS
- 在钱的流通方面，现金交易仍有很多，而且缺乏透明性，需要结算服务
- C端客户也更多使用在线支付工具

创新空间 II
- 二手车、汽配、车主服务领域，都需要在线交易和信息互通服务或平台
- 大量中小企业需要金融服务，但银行不支持，需要基于大数据的小贷等金融服务以及产业版的蚂蚁金服

创新空间 III
- 未来智能化时代，有大规模定制生产的趋势
- 新能源汽摩产品及自动驾驶，都是未来的趋势

II 产业

产业价值链分析

产业价值链分析，找到创新点

对整条产业链进行分析，并看通过哪些环节的提升，可以提升客户价值。

我们以汽摩大产业中的汽配行业的情况为例，发现在价值链的很多点上都可以进行重大创新提升。

— 产业普遍值
— 宗申可能的曲线
↑ 宗申重点的创新点

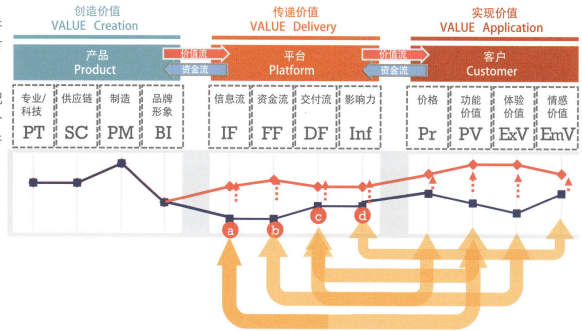

ⓐ 汽配信息化服务与交易平台
ⓑ 信息化结算平台
ⓒ 信息化物流服务
ⓓ 利用宗申的产业影响力，再联合中信、平安等多家知名金融机构

» 提升价格价值和功能价值
» 提升价格与交易价值、体验价值
» 提升功能价值与体验价值
» 提升情感价值

III 主张

定创新方向
设计、制定要创新的目标价值点

在以汽配为代表的汽摩市场领域中有一系列可以提升的创新点，在此基础上，需要做重点的选择。

- ⓐ 汽配信息化服务与交易平台
- ⓑ 信息化结算平台
- ⓒ 信息化物流服务
- ⓓ 利用宗申的产业影响力，再联合中信、平安等多家知名金融机构
- ⓔ 汽摩客户的C端在线支付
- ⓕ 汽摩二手车交易平台
- ⓖ 车主服务业务，如洗车、保养、事故处理等
- ⓗ 产业互联网金融服务
- ⓘ 汽摩行业的大数据服务
- ⓙ 智慧工厂
- ⓚ 大规模定制生产
- ⓛ 新能源汽摩产品
- ⓜ 自动驾驶汽车

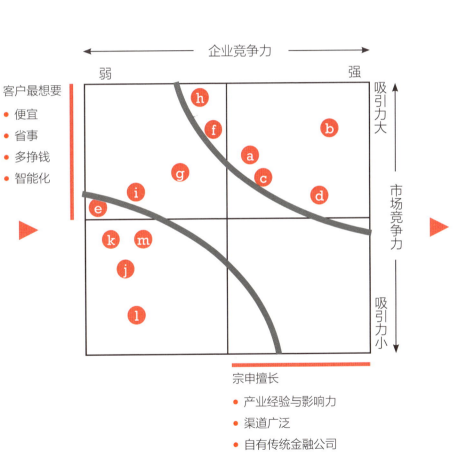

车云金服定位

"产业+金融"的互联网连接,在产业里最懂金融、在金融里最懂产业,推动行业转型升级与诚信建设

车云金服依托宗申动力的优势,即线上交易、结算、支付与线下实体门店、仓储、物流相结合的平台,利用金融科技为行业提供全面增值服务,最终通过互联网化大幅缩短汽配经销流程,降低中间的流通成本,给消费者或维修厂直接供货与提供金融支持,提高行业透明度,并通过大数据等金融科技手段推动行业转型升级。

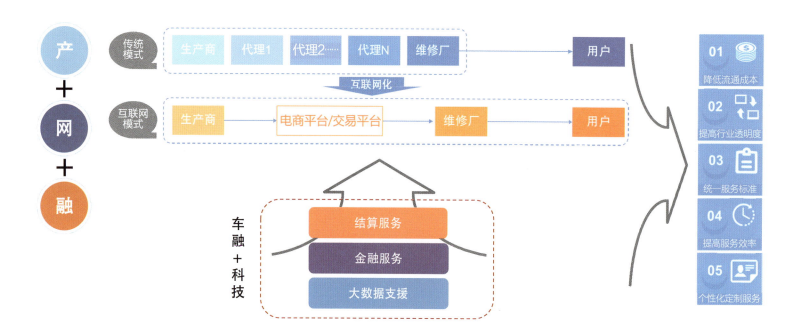

车云金服的战略架构

以结算服务与金融科技，为行业赋能；以二手车、汽配、车主服务为市场前端业务，形成产业生态

产业市场端业务层

二手车业务	汽配业务	车主服务
• 车辆线上管理 • 结算服务 • 车商贷 • ……	• 压缩渠道 • 快准交易 • 线上物流	• 停车 • 加油 • 维修导航 • 驾乘服务

金融层

金融科技赋能		
结算服务	金融科技	大数据支持

车云金服在汽摩生产尤其是后市场，搭建起一个生态系统。在前端的市场服务方面，以三个在线服务平台为出口。

- 二手车业务，即为二手车交易企业与客户提供平台服务。与瓜子、人人车等纯互联网平台不同，车云金服并不定位于"没有中间商"的去中介化概念，而是联合广大二手车商，为他们提供信息化服务。
- 汽配业务，即为汽配厂商、零部件商提供平台服务，打破这个传统领域以往分散落后、信息不透明的状态，提升整体行业效率。
- 车主服务，即为车主提供一站式服务，包括停车、加油、维修、驾乘等多方面，方便大家用车、养车。
- 金融科技赋能，这是车云金服的核心，以结算为基础服务和数据入口，进一步为产业中广大企业提供小贷等金融服务和大数据支持，成为产业底层赋能平台。

IV 能力 — 盘点人才与能力

识别创新价值实现所需要的人才、能力和资源

1　产业+互联网能力与人才
- 深入产业链，整合资源的能力和人才
- 互联网+的能力和人才

2　C端移动互联网能力与人才
- 深入产业场景、整合资源的能力和人才
- 场景化产品设计的能力和人才
- 移动互联网的能力和人才

产业市场端业务层	二手车业务	汽配业务	车主服务
	• 车辆线上管理 • 结算服务 • 车商贷 • ……	• 压缩渠道 • 快、准交易 • 线上物流	• 停车 • 加油 • 维修导航 • 驾乘服务
金融层	金融科技赋能		
	结算服务	金融科技	大数据支持

3　产业+互联网+金融科技的能力与人才
- 深入产业链、整合资源的能力和人才
- 熟悉金融领域、整合银行等金融资源的能力和人才
- 互联网+和大数据的能力和人才
- 在线金融、新金融、金融科技的能力和人才

宗申集团针对此创新战略的资源和能力盘点：

已有核心能力与人才
- 二手车、汽配等产业资源和整合能力及产业人才
- 自有已成形的金融服务公司
- 与很多大中型银行有长期稳固的合作关系
- 自有在线支付、结算等金融牌照及重庆汽摩交易所

需要补充的能力和人才
- 互联网+以及技术人才
- 金融科技方面的能力和人才
- 熟悉车主应用场景，又能领导其移动互联网项目的能力和人才

V 模式 — 选择实现模式

选择落地实现的路径模式

 内生团队　 资本运作　投资创业

	内生团队	资本运作，投资收购	投资创业，布局生态
二手车业务 • 车辆线上管理 • 结算服务 • 车商贷 • ……	买个车 • 内部孵化的团队 • 宗申内部有产业人才、年轻且具备创业精神的团队		
汽配业务 • 压缩渠道 • 快、准交易 • 线上物流		微配 • 收购创业多年的团队 • 互联网人才，得到宗申产业支持	
车主服务 • 停车 • 加油 • 维修导航 • 驾乘服务	车护宝 • 内部孵化的团队 • 作为一个车主服务的支撑平台		外部生态，多场景应用 • 寻找、对接、整合汽车后市场领域各个场景下的创新项目或公司，整合成围绕车主用车的服务生态
金融科技赋能 • 结算服务 • 金融科技 • 大数据支持	企账通 • 自建核心能力——结算平台 • 引入金融科技人才，打造金融赋能平台		构建汽摩双创空间，形成种子库 • 建立产业基金和双创空间，持续有新的创新创业项目的种子进入生态 • 投资布局，如人工智能、大数据等未来科技，为将来的技术升级储备

车云金服的生态系统

以结算服务与金融科技，为行业赋能；以二手车、汽配、车主服务为市场前端业务；以产业投资于人才孵化，提供长期可用的能力和人才池；以广泛整合宗申系产业资源、各大银行等金融资源和创业邦等科技与双创资源，形成围绕产业+科技+金融长期可持续的生态系统。

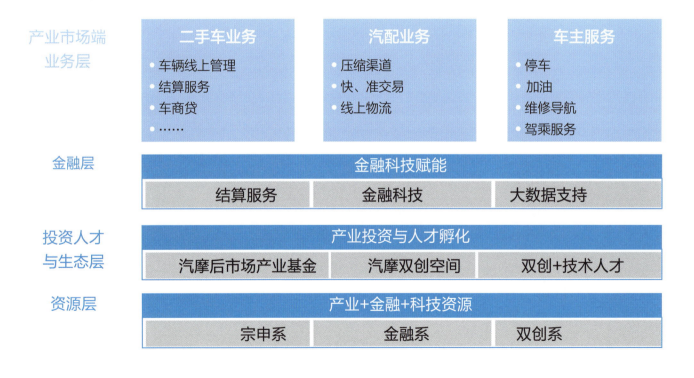

06

资本：助推创新的力量

CAPITAL BOOSTING INNOVATION

企业创新应有的资本思维

产业 + 资本，是一场无限的游戏
创新需要速度，资本帮你加速
产业为体，资本为翼

互联网辉煌的20年，也是资本辉煌的20年

上一个20年是格外精彩的20年，互联网和移动互联网造就了一个不一样的"中国梦"。互联网也几乎成了中国"创新"的代名词，曾经不入流的马云、马化腾、雷军们，走入了舞台的中央，享受着他们多年来所不曾有的万众景仰。而在他们身后，是一批头戴"互联网""高科技""双创"光环的年轻人，踩在互联网和双创大势的波浪上，成为耀眼夺目的商业新贵。

在资本的推动之下，这些年轻人不缺技术、不缺钱，他们绕过传统企业的重兵防线，以互联网科技与新商业模式为武器，降维打击，开辟出一片新的战场。大企业和传统产业的优势，好似马奇诺防线一样，在创新的"闪电战"面前尽显无力感。很多传统企业和企业家不禁慨叹："这世界是怎么了？"但正当我们慨叹和焦虑之际，中国和世界却并不会停下脚步。

而这些创业者从创业的第一天起，就在设计资本战略，应用资本的力量。

企业的创新精神是一场探索无限的游戏
美国纽约大学宗教历史系教授詹姆斯·卡斯（James P. Carse）写过一本小书叫《有限与无限的游戏》，而现代企业的升级创新，就非常符合这本书背后所阐释的无限奥义：

"世界上至少有两种游戏：一种是有限的游戏，以短期取胜为目的；另一种是无限的游戏，以延续游戏为目的。"这句话同样适用于经营公司，无论是创业企业，还是成熟企业，优秀的创业者都在探索边界，重构规则，向往"无

限"。我们所谓的探索边界就是在思考自身事业和产业的边界在哪里，如何重新改变规则。举例来说，你自己修个花园，因为有边界，要维持它，就需要投入大量的精力，几天不打理花园就会荒废。反之，在亚马逊的原始森林里，你根本不需要投入任何精力去干预，但各类植物都活得很好，万世不竭。

而身处当今时代的企业，其创新所追求的就是无限的游戏。在这个时代，不增长就意味着倒退，不扩大优势，就可能被别人超过甚至是被消灭。

那么，无论你处于创业初期、快速发展期，还是成熟企业在寻求升级或转型，如何最明智和有效地应用资源，是企业领导者最大的责任。而资本在每一个关键阶段都可以成为最有力、最必需的资源，用好资本是产业或企业创新这个课题中非常重要的一课。

资本运营：资产和资金的交换过程
资金买资产，是投资；
资产换资金，是融资。
任何一次资本运营，都同时发生了投资行为和融资行为。投资的价值将在融资环节体现出来，比如资本投资一家创业公司，它的资本价值是在下一次融资过程中表现出来的。

产业创新者可能是融资者，也可能是投资者。如果你的创新项目需要资金支持，你可能从资本方获取资金，那么此时你就是融资者。如果你的创新是通过别人出力你来出资进行的，那么你就是投资者。投融资硬币的两面，是产业升级和创新都需要的。

资本：如何助推创新创业
从中国创业投资史看未来的资本应用

中国互联网发展史与创业投资史同步，两者其实是同一部历史。

产业人士如何能够更好地借助资本进行创新，需要从创投界发展的历史中汲取经验教训。创业投资的发展规律与中国科技创新创业历史、二级市场发展进程呈强相关，而企业家做投资要结合这些规律，同时制定产业投资的策略。

资本驱动创新，创投史即技术史

门户时代	电商时代	移动时代
新闻/网游/聊天交友/论坛/导航	SNS/BLOG/网购/网游	全民创业/投资/并购/App/新媒体

全民创业/投资/并购/App/新媒体

1995 2015	1999	2000	2003	2006	2009	2011	2014
1995-2001 dot.com 泡沫		站长时代的结束			移动互联网元年		

				携程上市	2005 校内网	Uber	微信	2013 微信支付 余额宝上线	链家网	摩拜单车
1946 NEIAC 1964 IBM360 1966 HP2116A 1968 ARPANet 1971 Email 1974 TCP/IP 1975 Microsoft 1976 Apple	亚马逊 eBay 雅虎 1997 搜狐 网易 Foxmail 1998 新浪 腾讯 京东 3721 Google 1996 IBM提出 e-Business	携程 天涯论坛 Chinaren 盛大网络 Hao123 8848 阿里巴巴	百度 2002 BlogCN brokee 4399 2001 第一代 iPod Discuz!	起点中文网 2004 巨人网络 乐视 搜狗 易宝支付 大众点评 淘宝 支付宝	豆瓣 土豆 去哪儿 优酷 汽车之家 58同城 赶集网 奇虎360 Facebook YouTube 百度上市 盛大上市 腾讯上市 Google上市 收购雅虎中国	2008 Airbnb 2007 第一代 iPhone 饭否 快播 易传媒 唯品会人人网 美图 微博 饿了么 金山网游上市 完美时空上市 巨人网络上市 B2B上线 淘宝商城双"11"购物节	2010 Android 3Q大战 美团 小米 猎豹移动 滴滴 快的 土豆上市 聚美优品	陌陌 微聊 知乎 快手 滴滴 快的 优酷土豆合并（后合一集团） 更名天猫	2012 百度金融理财上线 今日头条 微信红包 京东上市 58、赶集合并 美团、大众合并 携程、去哪儿合并 阿里上市	ofo 映客直播 快的、滴滴合并

社群 众筹 微商 自媒体 人工智能
共享经济 企业服务 消费升级 大数据
直播 IP 二次元 文化体育 VR/AR

IDG资本 SoftBank THE CARLYLE GROUP FORTUNE 达晨创投 CAPITAL SEQUOIA CAPITAL matrix 经纬中国 BAT ZhenFund 真格基金 创新工场 INNOVATION WORKS

2000年前，中国创新的推手

——创业资本，始自IDG和国际大企业

中国的互联网巨头的背后，都有创业资本的推动。整个创投资本的运作模式和第一批创投人才，几乎都源自对美国的借鉴。

2000年之前，IDG是最早的创业资本(VC)

中国做创业投资（Venture Capital，风险投资）真正起源于1993年，熊晓鸽先生在麦戈文先生的支持下在中国设立了风险投资基金。IDG在美国其实是一家数字媒体集团，而在中国做风险投资是一件非常冒险的事情。但得益于熊晓鸽的媒体出身，该基金保持着对硅谷前沿科技和风投的敏感度，见证了硅谷新兴互联网公司和新兴VC的发展。

到2000年中国互联网大爆发元年，IDG"七长老"在中国先后投资了100多家公司，基本覆盖了所有互联网企业，所以它的成功率比较高。其中有我们所熟知的搜狐、百度、腾讯等，把握住了整个趋势浪潮带来的收益。

最早的外资公司CVC布局中国

国外先进的大型企业，部分有自己的投资业务，在2000年左右进入中国。

1998年
英特尔投资1990年在中国成立
1998年起开始战略投资

2000年
软银进入中国，投资携程

2001~2002年，互联网泡沫破裂，国内创投的萌芽与寒冬

2001年，是中国创投界的一个历史年。

纳斯达克从2000年下半年开始下跌，触发了互联网的第一个寒冬，同时带动了中国新一代互联网公司的第一个寒冬，也是中国创投的第一个寒冬。

但正是在这个时候，一批新的本土创投公司初生萌芽。其中之一就是深创投，阚治东是创始人之一。深创投之所以成为中国本土创投界最好的几家机构之一，有很大一部分原因在于它诞生得早。

在这个时期，很多本土创投成立，还在于有消息称中国即将开放创业板，从而使得法人股有希望能够进入市场交易，这就为人民币基金提供了退出通道。但天有不测风云，创业板由于种种原因大幅延迟，一直到2009年才开放。

在这个时期，中国本土有了最早的公司级风险投资CVC（Corporate VC），最具有代表性的是联想创投。联想作为PC时代的领头羊，成立了一家风险投资公司，经过前十几年的发展，是目前中国CVC中做得最好的，也就是今天的君联资本。

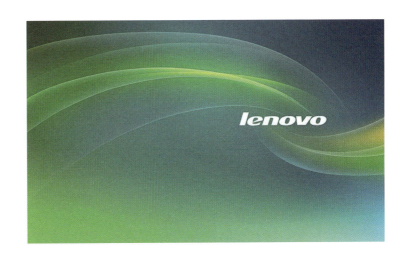

2003~2004年，创投界回暖，上市窗口造就投资界大咖

到2003年，中国互联网创新创业开始了在海外成功IPO上市的历程，使得投资者获得几倍甚至几十倍的投资回报。外资创投机构开始触底反弹。

标志性的事件就是携程上市，带动了中国互联网的新一轮高潮，也带动了其背后的VC新一轮高潮。

这里的故事首先讲到的是携程四君子：
携程上市后任董事会主席兼CEO的梁建章；
10年缔造3个纳斯达克上市公司的季琦；
创立了红杉资本的沈南鹏；
坚守携程的范敏。

携程四君子（梁建章、季琦、沈南鹏、范敏）
1999年携程成立，同年获IDG A轮融资。
2000年分别获软银和凯雷的第二轮、第三轮投资。
2001年盈利。
2003年上市。
2003年阎焱代表软银投资陈天桥。
2004年盛大上市，软银回报16倍。

2004年，一个触动人心的事件，就是盛大的上市。盛大的上市造就了当年的中国首富陈天桥，同时也成就了中国的创投教父阎焱。当初盛大网络由于游戏版权不在自己手里，阎焱团队内部争议很大，后来阎焱力排众议决定投资盛大。仅仅18个月后，盛大就成功赴美上市。

阎焱，其实是中国最早的PE代表。他最早是在软银旗下做SAIF，即软银亚洲基础设施基金公司（Softbank Asia Infrastructure Fund），后来取了谐音叫赛富。

2005~2006年，外资VC快速发展，陆续登陆中国

中概股纷纷上市，创投乘势而上
互联网进入细分领域，创投继续这波红利

2004年之后，其实是真正的转折点，因为携程的上市，形成了中概股在纳斯达克的第二波上市热潮，这让很多人按捺不住，以邓锋为代表的一拨在硅谷成功创业的企业家回到中国进入创投界。以沈南鹏为代表的一拨从投行和优秀创业公司出来的、在中国成功创业的创业者开始发起了新的基金。

2005年，沈南鹏入主红杉中国。几乎同时，合伙人周逵、计越加入。红杉中国后来成为投资成功率最高的资本之一。

邓锋，也回国创立北极光创投。他代表了中国在硅谷创业最成功的一批人士，他创办的NetScreen，以40亿美元的价格卖给了当时美国的另外一家叫Juniper的公司。所以，他当时成为硅谷华人科技界最有钱的人，然后他跟着NEAϴ一块回来，之所以叫 Northern Light（北极光）这个名字，是因为跟NEA也有着巨大的关系。

与邓锋同时回来的还有朱敏，回国后成立了赛伯乐。KPCB和红杉这两家硅谷最老牌和最有名的投资机构也在这一年开始进入中国。2005年也是Google进入中国的时间。

（ϴNEA是美国最赚钱的VC机构之一，仅Groupon一个案例，就让NEA"一飞冲天"。）

2007~2008年，中概股赴美上市热，外资VC黄金时代

2007年，又迎来了上市的另一波高潮，阿里巴巴在香港上市，同时雷军奋斗8年的金山上市。网络游戏领域中的几大公司——完美时空、网龙、巨人也都纷纷上市。

这两年还有一些很好的VC出现，像2008年左右由邵亦波和张颖成立的经纬。邵亦波早年创立了易趣，后来卖给了美国的eBay。经纬其实在美国是一家很大的VC，在2008年进入中国。在每轮股市大好的时候都会诞生一批新的VC和一些非常优秀的投资机构，也是因为资本市场的繁荣，所以一级市场募资和各方面都会比较容易。

2009~2010年，创业板开通，本土创投春天来临

2009年是中国创投界里程碑式的一年，"千呼万唤始出来"的创业板终于成真，因为有了退出机制，造就了中国本土基金真正的大发展。前面所提到的那些VC全部是美元基金，到了2009年之后，人民币基金出现。最早成立的深创投和达晨在这一年全部有了自己的收获，有幸成为中国新一轮基金的代表。

发展至2010年，国内外公司的上市都在高歌猛进。深创投早期投资的26家企业IPO上市，这个纪录至今仍未被打破。同时在美国，2010年共有43家企业赴美IPO，一上市就翻了几倍，形成了全民PE的局面。

保监会放开保险资金从事股权投资限制，社保进一步扩大股权投资领域的投资配比。

创业板利好持续发酵，赴美 IPO最高峰，国内以深创投、达晨、同创伟业为首的机构一路高歌。

2011~2013年，中概股危机和中国天使投资群体性出现

IPO退热，中概股危机

中概股在纳斯达克遭遇危机，国内股市低迷，IPO受阻，导致PE阶段的投资热度减退，投资开始向早期转移。

2005年，分众传媒随中概股赴美上市浪潮登陆纳斯达克。从2008年以来，遭遇做空后的分众传媒股价一路下跌，最低时股价不到6美元。

2012年8月，分众传媒宣布私有化，凯雷、鼎晖、方源资本等PE机构参与私有化过程。

天使投资抬头

2009年，美国的YC和一些新的孵化器开始在硅谷兴起。2010年，微博开始盛行，让徐小平和李开复等人走入公众视野。他们投资了很多新创公司，引领了中国新一波天使投资热。

中国的天使投资其实可以追溯到1993年的亚信，田溯宁也是在硅谷接受了天使投资。2007~2008年，一批企业上市后，出现了一波天使投资人。2009年，创新工场成立，把YC和孵化的概念再次引入中国。于是，到了2011年，天使投资热潮开始形成，也成就了一波中国非常优秀的超级天使。

2011~2013年，超级天使成为明星

徐小平

真格基金创始人、新东方联合创始人

投资项目：51talk、大姨妈、聚美优品、蜜芽、小红书、36氪、绿狗网等

李开复

创新工场创始人、Google中国原CEO

投资项目：知乎、同步网络、豌豆荚手机精灵、米未传媒、face++、太火鸟、盒子鱼、VipKid等

何伯权

今日投资集团董事长、乐百氏创始人

投资项目：七天连锁、爱康国宾、诺亚财富、九钻网、久久丫等

蔡文胜

联网时代董事长

投资项目：美图秀秀、58同城、暴风影音、卓大师等

王　刚

著名天使投资人

投资项目：滴滴出行、运满满、回家吃饭、盈盈理财、赛维懒到家等

雷　军

顺为资本创始人、小米公司创始人、金山软件原CEO

投资项目：UC优视科技、好大夫在线、欢聚时代、乐淘网、拉卡拉、卓越网等

周鸿祎

360公司创始人、董事长兼CEO，奇酷CEO和知名天使投资人

投资项目：迅雷、酷狗科技、Discuz、迅游、火石软件、奇虎等

曾李青

德讯投资董事长、腾讯联合创始人

投资项目：淘米网络、快播科技、天趣网络、盛游游戏等

吴　炯

风和投资董事长、阿里巴巴首任CTO

投资项目：阿里巴巴、聚美优品、聚光科技、挂号网、汉庭等

2014~2015年，双创大潮与资本喷发

新三板造就了新的阵地

到了2014年，标志性事件就是新三板。新三板全国扩容后首批近300家企业集体挂牌，至此，新三板挂牌企业将达到621家，超过创业板企业，与中小板企业数量旗鼓相当。新三板牛股频现，共有71股涨幅超10倍。

国内A股由熊转牛

A股由2013年的"熊冠全球"转变为从熊到牛，从疯牛再到慢牛的逆袭。A股一路上涨，也带动了创业投资和一级资本市场的繁荣。A股的繁荣让创业项目和资本方都看到了IPO上市的巨大机会与变现的便利性。

双创大潮，新资本频现

在大众创业、万众创新的光环下，创业尤其是互联网创业成为流行趋势。再加上A股二级市场一波大牛市，中国创业创投界达到空前的火热。加之前面说的新三板的刺激，中国诞生了新一波的基金，张震、高翔就是从IDG走出来的，他们开创了新基金高榕资本。另一个具有代表性的，是从达晨创投出来的启赋资本，达晨创投曾支持了很多中国早期的pre-IPO企业上市。刘二海也在2014年从君联资本走出，创立了愉悦资本。

自2016以来，理性回归与后互联网时代

A股过山车

2015年8月，以A股与美股为代表的全球市场暴跌，给中概股发展走势、私有化进展及国内创业公司和融资环境带来了巨大冲击，并一直延续至今。

资本的理性回归

A股震荡之后，资本市场开始降温，创业者称此为"资本寒冬"。但实际上并没有进入寒冬，而仅仅是由原来的过热回归正常的理性而已。2014~2015年，那些不符合商业逻辑、缺乏价值、没有盈利模式、空耗资源的商业项目再也站不住脚，资本方也不再听这些人忽悠了。

互联网下半场

随着互联网和移动互联网行业的成熟，各个应用场景基本被圈地结束，BAT格局已定，纯互联网及消费互联网的红利结束。由此，后互联网时代到来。美团网的王兴、滴滴的程维提出了"互联网下半场"的说法。如程维所说："互联网的下半场开始的时候，创业机会已经很少了，现在互联网创业也已经到了一个瓶颈期，创业就跟买股票是一样的，在大家都买股票的时候就不应该买了，连大妈都在买股票的时候就应该卖了，大家都不买的时候就应该买……所以，互联网的上半场互联的机会、连接的机会已经过去了。下半场就是人工智能。"

资本帮助了很多创新创业公司,也成就了中国的独角兽

在过去的20年中,中国发展起来的优秀的创新创业公司,几乎无一例外地接受了资本的投资和帮助,从而更加快速、有效地发展起来,成就了一系列大家耳熟能详的独角兽。

其中最优秀的资本,也就是最牛的独角兽捕捉者前三甲分别是腾讯(投中了17家独角兽)、红杉资本中国(投中了13家独角兽)、IDG资本(投中了9家独角兽)。⊖

⊖ 早年已经形成大规模的互联网公司,如百度、阿里巴巴、腾讯、网易、携程等不计入独角兽数量。

节奏：融资的节奏
创新创业一路发展的资本运用

企业在不同的发展阶段需要相应的资本支持，掌握好不同阶段的资本运用，是做创新项目的必备能力。如果你是一个创业者，融资能力对你而言是生死攸关的。

而产业人士在做创新项目时，也必须具备资本思维。即使是自己在做的项目，也需要配备必要的融资支持。也有可能自己作为投资方，由别人来做创新，此时就需要有投资人所要具备的资本思维。

企业经营的两种循环：企业经营与资本运营

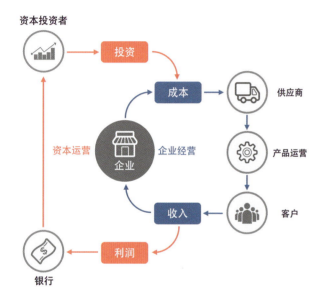

公司的资金有两个循环：经营逻辑+资本逻辑

当我们谈到投融资时，任何公司本质上都有两个循环，就像人的血液一样，分为静脉血和动脉血，其本身血液流向完全相反，但同时能够构成整个人的健康内部生态系统。

- 第一种循环是产品运营节奏，也是企业成长的能力；产品运营有收入和成本，从而形成利润。

- 第二种循环是资本运营节奏，不仅包括融资的节奏，还包括投资的节奏。投资，不局限于股权投资，也包含其他的资产配置。

大部分企业家只考虑右边收入成本的经营思维，而忽略了左边的资本杠杆思维，因此造成了企业家为资本打工的现象，结果就是企业和资本方反目，请神容易送神难。

产品运营与资本运营都被包含在战略之中，很多互联网独角兽企业往往是资本的轮子很大，经营面很弱，而实体企业如果注重资本的轮子，市值并不会比互联网企业低。这里就需要关注什么是真正的战略。

创新领导者需要把握融资的节奏

如果你是一个创新项目的领导者，你可能是创业者，也可能是产业人士。这里很重要的是要把握两个"度"：速度与额度。

在融资的时候，有的创业者恨不得一年融好几轮，也有的创业者在上市前只融了一轮，重要的就是把握好融资的节奏。找一个信任的人帮你做分析：

- 公司账上有多少资金？
- 产品能够带来多少收入？
- 你的商业模式会吸引哪一类投资人？

对于诸如此类的问题都要敞开讨论，很多独角兽的创始人也是这么练出来的。一些创始人起初并不懂得什么叫增资扩股，都是通过这种方式学习融资的。

融资的节奏可以反映在一个完整的企业生命周期里。企业生命周期展示了一家企业从孕育期到稳定期，再到最后的衰亡期的完整过程。

大多数创业企业正处在婴儿期或学步期，目标是尽快进入盛年期，甚至是稳定期。

对于已有基础的大型企业或者产业人士的创新而言，大多数是在原有企业成熟期的基础上，希望勾勒出一条重新从新的孕育期到盛年期的上升曲线。

今天我们经常在媒体上看到互联网公司出现持续的大规模融资节奏，比如摩拜单车在过去的一年半时间内完成五轮融资，持续融资将近10亿美元。这个节奏很像当年的滴滴，在这个持续过程的背后是无数的资本推动。

一家企业在上市后能获取大量低成本的资金，不用归还，可以用来做企业想做的事。企业资金短缺了，可以通过增发的手段短时间内获得大量的资金，用于缓解公司眼前的困境。从这里我们可以看到，无论是阿里巴巴、腾讯还是京东，在最终上市之前都完成了不同轮次的融资，每家公司都有自己融资战略的主动性，也有在当下时间点上根据市场情况的被动选择，所以每家公司的融资路径，也能反映各自的战略路径。

看创新者是否能够成熟驾驭一家企业，
关键看他的战略节奏感，尤其是看其借助资本的节奏感

右图为一家创新公司典型的成长路径和资本路径，展示了创新公司从出生、早期发展到成长期和扩张期，直到IPO上市成为公众公司。其中每一步都可能有资本的支持。

初创期，有天时投资。

创业早期，有风险投资，即VC。

成长期和扩张期，有私募股权投资，即PE（Private Equity）。

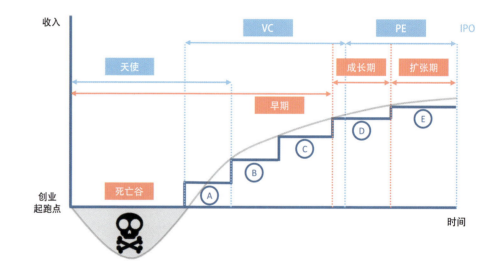

早年简单的节奏

在21世纪的前10年,由于互联网用户的自然流量生长得很快,加之互联网行业的竞争者不多,创新创业公司的融资节奏相对简单,经过1~3轮的融资,就可以去国外的股票交易所上市了。

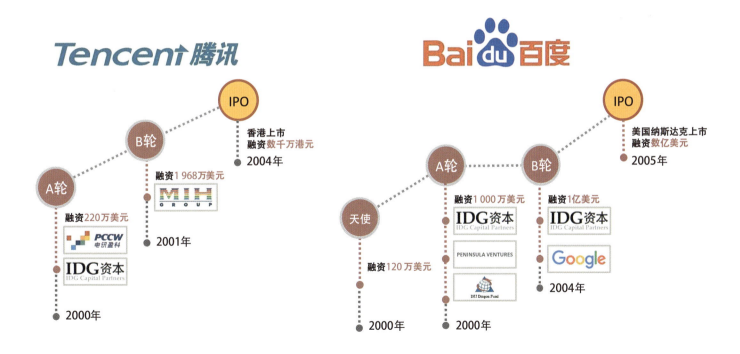

阿里巴巴的融资之路

阿里巴巴成长历程中的各个时期，都经历了最重要的几笔融资。通过使用不同的融资手段，阿里巴巴得以成长为今天这种国际性的巨头企业。在这个过程中，风险投资起到了至关重要的作用。

京东的融资之路

京东从早期融资到IPO的过程,更加代表了中国当今最典型的融资节奏和路径。尤其是因为京东从做电商开始,长年不盈利,却是极具未来前景的公司,所以非常依赖于资本的支持。

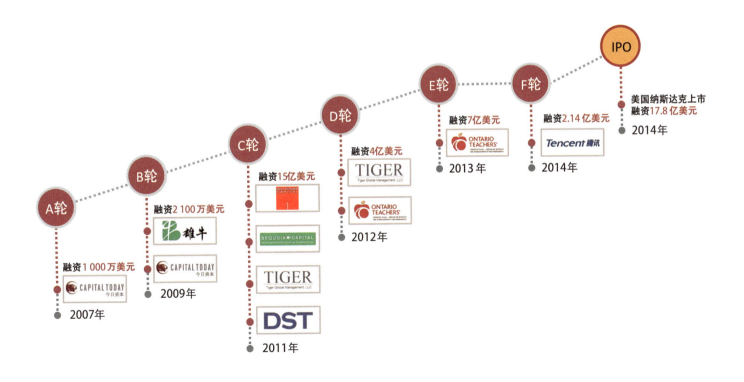

小米的融资之路

很多独角兽公司尚未IPO上市，但也一路融了很多轮的资金，使自身得到快速发展。小米公司就是其中的代表。小米从创立到成为一家独角兽公司，每年至少融资一轮的节奏，使其能够快速而从容地进入竞争激烈且巨头林立的手机行业。

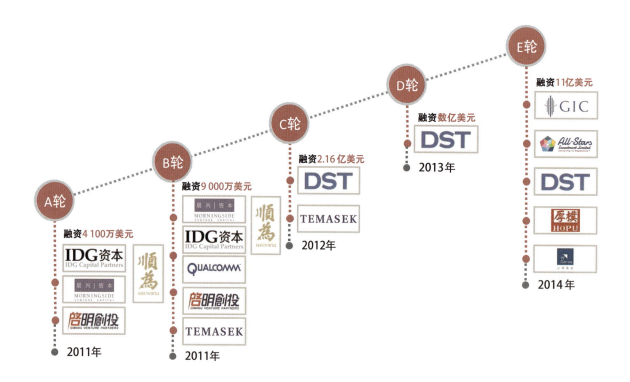

滴滴的融资之路

滴滴公司从创立到成为一只市值10亿美元的独角兽,仅仅用了1年的时间。共享经济也成为大家追捧的一个商业模式,加之腾讯和阿里巴巴的支付争夺战,使得滴滴以极其快速的节奏融了很多的资金。

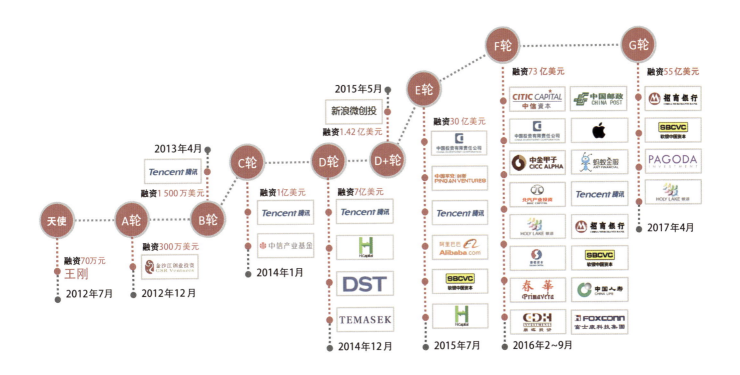

找钢网的融资之路

进入后互联网时代,互联网开始与to B领域结合,形成产业互联网的趋势。大量的工业品行业开始进行信息化整合和改造。找钢网就是这方面的代表,它以有节奏地融资,快速形成有实力的钢贸互联网整合平台。

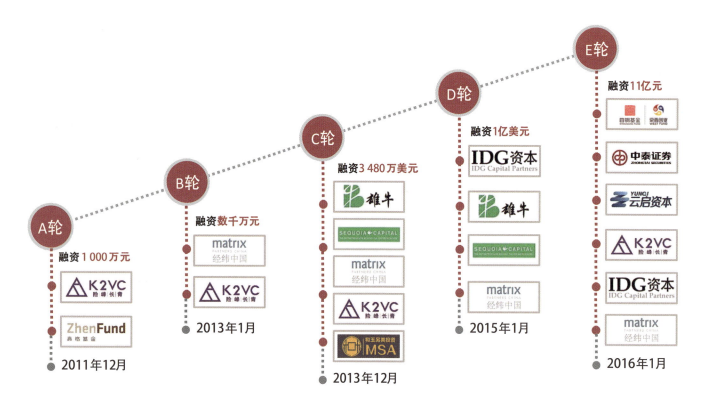

保持节奏的实操建议1：
提前10~12个月启动下一轮融资工作

兵马未动，粮草先行，融资对于创新创业公司的重要性可谓是决定其生死存亡！但是，如何把握融资节奏？这里提供了如下实操建议。

打好提前量

不要在缺钱的时候才去融资。到缺钱的时候再融，第一，可能已经比较晚了；第二，你的心态在谈判的时候也不会特别好。融资最好的时候，往往是在你不缺钱的时候，也别太纠结具体的条款，这非常重要。对于创业型公司而言，最好提前10~12个月就启动下一轮融资的工作。

很多人可能会想要等产品做好了，然后发出来收一笔，在峰值上融一个点。但是人算不如天算，往往外界市场环境的变化不是你能计算出来的。也许，当上述条件实现时，市场环境比你想象的还要差很多。

很多独角兽公司都会进行多次有节奏的融资工作。在创新创业节奏越来越快的今天，很多独角兽公司都是在一年内至少融资一次，甚至几次。

被投资次数

滴滴出行	40
摩拜单车	31
ofo小黄车	29
小米科技	28
优客工场	25
途家网	24
饿了吗	23
蘑菇街	23
秒拍	22
微票儿	22

保持节奏的实操建议2：
并不是估值越高越好

在过去的两三年中，但凡拥有比较火热的创投概念的公司，如共享经济、大数据、人工智能、区块链、无人驾驶，动辄就是数亿乃至数十亿美元的估值，而产品规模化上市和盈利却遥遥无期。创投圈对外都很风光，动不动就说自己盈利多少倍，但那是纸面上的，真正能退出的或者完全转为可流动性的、敢拿出来说的就少之又少了。

相当一部分高科技公司的创始人，容易一时激动做一次高估值融资，却忽略了持续融资的能力。除非他一次融资就能拿到足够多的钱，否则就像一个滑雪初级者一激动坐着缆车上了高级道一样，后面的选择注定是悲壮的。

一批在过去两三年的市场上所谓的独角兽会成为跛脚兽，也就是说，一批估值已经超过10亿美元的公司甚至更高的公司融不到钱。此外，中国现在的资本一级市场和二级市场出现了倒挂的现象，也就是没IPO之前的市值高于IPO市场上的市值。

在未来几年中，被A股公司并购将成为一些高估值公司的主要退出通道，我们可以对比看一下最近IPO的A股公司平均市值在数十亿元左右，那么一些成长性公司如果想通过并购上市，有相当一部分可能要"打折"，否则就意味着陷入融不到钱的尴尬境地。

名 称	总市值（亿元）	上市日期
N禾望	80.81	20170728
N岱美	146.39	20170728
N中科	11.30	20170728
隆盛科技	11.32	20170725
英搏尔	25.30	20170725
卫信康	54.27	20170721
惠威科技	17.29	20170721
英科医疗	41.85	20170721
嘉泽新能	62.05	20170720
健友股份	80.30	20170719
建科院	15.06	20170719
索通发展	58.56	20170718
基蛋生物	64.10	20170717
金龙羽	71.49	20170717
华大基因	203.81	20170714
东尼电子	47.04	20170712
国科微	29.73	20170712
大元泵业	37.97	20170711
凌霄泵业	39.87	20170711
佩蒂股份	31.70	20170711
旭升股份	178.63	20170710
长缆科技	41.04	20170707
睿能科技	48.32	20170706
百达精工	25.69	20170705
富满电子	28.78	20170705
君禾股份	24.96	20170703
大烨智能	24.85	20170703
志邦股份	70.58	20170630
沪宁股份	21.39	20170629
三孚股份	37.99	20170628
广州酒家	90.01	20170627
日盈电子	22.50	20170627
京泉华	28.56	20170627
沃特股份	23.87	20170627
浙商证券	535.33	20170626

资料来源：大智慧。
数据截至2017年7月30日。

保持节奏的实操建议3：
科技与产业融合，摆正与资本的关系

最后，对创业企业来说，"传统产业补缺"型的项目最容易拿到融资。

纵观整个2016年的投资界，除了摩拜单车外，几乎看不见太像样的投资项目出来，可以说"互联网上半场已经结束"这种论调是非常贴切的。

所有投资界都有一种感觉，下半场除了一部分前沿技术的早期布局外，更多的机会在于如何利用新的技术为传统产业补缺升级而带来的投资机会，比如大数据如何服务于物流交通、零售金融行业的应用，AR/VR 在建筑设计、购物/教育场景的应用，机器人如何在银行网点、传统制造场景被改造……

不需要每个项目都追求成为独角兽，而是如何在和大象共舞的过程中既保持独立又能借力成长。这成了很多创业企业的新命题，也是投资的新机会。

此外，摆正产业与资本的关系，也非常重要。尽量要保持清醒的头脑，遵循商业的本质，不要过于吹捧资本概念。从乐视的教训中我们就能看到，无论怎么吹捧，无论如何取悦资本，最后还是要取得商业上的成绩，要能够挣到钱，否则这个建在虚幻上的大厦早晚要塌。

最终，我们要牢记：
- 产业为体，资本为翼，顺序不可更改。
- 投资不可脱实入虚。

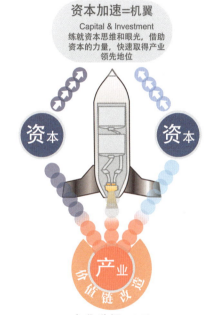

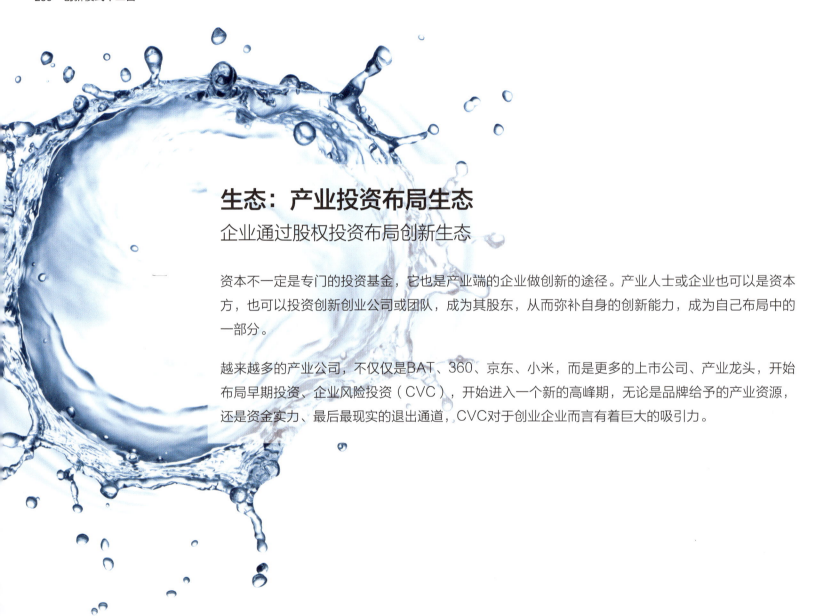

生态：产业投资布局生态
企业通过股权投资布局创新生态

资本不一定是专门的投资基金，它也是产业端的企业做创新的途径。产业人士或企业也可以是资本方，也可以投资创新创业公司或团队，成为其股东，从而弥补自身的创新能力，成为自己布局中的一部分。

越来越多的产业公司，不仅仅是BAT、360、京东、小米，而是更多的上市公司、产业龙头，开始布局早期投资、企业风险投资（CVC），开始进入一个新的高峰期，无论是品牌给予的产业资源，还是资金实力、最后最现实的退出通道，CVC对于创业企业而言有着巨大的吸引力。

3Q大战与腾讯的反思，腾讯共享产业基金的诞生

2010年的那场"3Q大战"，成为互联网"封闭"与"开放"竞争的分水岭。腾讯CEO马化腾终于意识到，腾讯不能再继续"闭门造车"。经历了一场自上而下的彻底的战略反思后，腾讯打开了大门。

2011年6月，在一片抄袭、垄断的质疑声中，腾讯第一次举办了"开放大会"，马化腾承诺提供开放的平台与开发者合作，一起分享市场空间。

从2012年开始，腾讯CEO马化腾每年都会给开放平台上的合作伙伴写一封信。马化腾称自己喜欢自留"半条命"这个说法，把另外半条命交给合作伙伴。他说："这不是一句玩笑话。腾讯并不希望成为一家传统意义上的大公司，而更渴望生长进化成一个共享共赢、没有边界的生态型组织。"

腾讯共享产业基金应运而生。腾讯将自己打造成一个大家共同创新创业的生态平台，利用基金的力量，去孵化和助推平台上的创新者。这就是当今产业企业孕育创新的一种重要方法——CVC，即企业级风险投资。

距"3Q大战"5年后的2015年，从封闭走向开放的腾讯用3组数据总结了开放5年来的"成绩单"：腾讯开放平台接入应用数量超过400万，较2014年同期增长近70%；腾讯开放平台上合作伙伴的收益分成已经超过了100亿元，其中包括诞生了50位亿万级富翁；腾讯开放平台孵化的上市或借壳上市的公司已经超过20家，比2014年翻了一番。

腾讯逐渐发现，孵化裂变创新与自建创新一样重要。目前，腾讯众创空间已陆续在北京、上海、杭州、武汉、厦门等25个城市布局落地，创业公司总估值超过2000亿元。同时，众创联盟创业基金超1000亿元，对外分成超过100亿元。

"互联网+"的裂变式增长，既是全新的机遇，也对腾讯提出了挑战。从前，腾讯是以一家企业的力量去支持数百万名创业者。未来，随着创业者的需求趋于多样化，"单靠腾讯在流量、资金、技术等方面的优势，将不足以满足创业者的需求，我们必须为此做出改变。"腾讯副总裁任宇昕说。

联想多元化的反思与联想投资的诞生

早在2000年，联想作为中国企业的代表已经具有很强的实力和品牌地位。2001年，杨元庆接替柳传志，成为联想的总裁兼CEO。

此时的联想看到了中国未来商业的几大战略机会，包括互联网和手机。于是联想开始多元化战略布局，开展了一系列的独立业务，成立事业部，其中将互联网、IT和手机列为三大重点。站在现在的角度来看，其实联想的战略选择是正确的，也是后来孕育了很多伟大公司的战场。

然而，后来的结果却是令人失望的。联想在一系列的多元化业务中全部失败，致使当时很多的战略专家都以联想为例，来证明"多元化"本身是战略选择失误。

后来，联想内部做了深刻的反思，并召开了严肃的复盘会。复盘的结论是，多元化战略选择并没有问题，而真正的问题在于人才的缺失和组织的局限。

原来，CEO杨元庆非常重视这些新业务，以至于花了很多心血来管理，几乎是一插到底事无巨细。这样一来，其实每个事业部都等着总部指挥，束手束脚，行动迟缓。在这样的环境下，创新型人才待不住，而顺从型的人才留了下来。这样杨元庆自己成为很多业务的天花板，他怎么可能对这么多业务都很精通又能直接领导得很好呢！在残酷而多变的市场竞争中，这样的联想难以招架，最终失败。其实，这就是大企业常见的"创新者的窘境"。

对柳传志而言，他一直希望把联想控股打造成为一家世界级规模的企业，让基业长青。但是，如何能够让联想不断与新的机会、新的创新、新的人才联系在一起，不断地有新鲜血液的更新系统，是他一直在考虑的。

于是，在柳传志希望"用资金与管理帮助和促进中国创业企业成长"的意愿下，联想控股总裁及君联资本创始合伙人、总裁、董事总经理朱立南率队进入了投资领域，组建了当时的联想投资，关注早期风险投资和成长期投资机会，并将联想控股的3500万美元作为第一期基金。

这就是君联资本的前身，而君联资本在今天已经是中国最有代表性的资本之一。

产业人士为什么要通过CVC建立创新生态

企业家的焦虑

"企业家"群体深深的忧虑主要来自两个方面，一方面是剧烈的外部环境变化，层出不穷的新的底层技术让他们忧心忡忡。所以，他们拼命地恶补各种新技术的知识和商业名词：社区经济、共享模式、互联网金融、区块链、大数据、人工智能、传感器、SaaS……可似乎依然感觉这不再是他们的世界。

另一方面来自对人才结构深深的焦虑，因为他们发现越来越多的一流人才不再愿意打工，即使他们支付很高的薪水，也只能挖来二流队伍。

创新者的需要

"创业者"群体也是如履薄冰，一方面他们要拼命地研发产品，克服技术壁垒，建立投资人和媒体不断灌输给他们的"护城河壁垒""差异化优势""唯快不破"等各种理念；另一方面又缺乏更大的资金或平台，以验证产品的可行性，更因为缺乏品牌无法迅速大规模打开市场。

产业资本结合创新创业

他们其实彼此需要，于是有人提出了"生态"这个概念。与其说这个概念是如何让大公司和小公司共生共享，不如说是让这群有着共同语言、共同基因、惺惺相惜的人能够更好地联手，一起打拼新的世界！在这条路上，已经不乏有很多先行者，我们看到，不仅是在互联网行业，而且在金融、零售、体育、电子，乃至制药、能源等各个产业领域中，已经涌现出一批这样的卓越典范，两者之间的纽带就是CVC。

公司创业投资
Corporate Venture Capital
CVC

最早的CVC——Intel Capital

英特尔公司的创业投资部英特尔投资（Intel Capital）是最早介入国内创业资本市场的。该公司早在1998年就开始了对国内创业企业的投资活动。其最早的投资可以追溯到1998年4月对搜狐的投资，该项投资由Intel Capital、晨兴、IDG等公司联合完成，投资金额为210万美元。

Intel Capital是英特尔公司下设的事业部门。最早的Intel Capital是英特尔为了支持内部员工创新创业设立的一支孵化基金，后来发展到对外部进行投资布局。Intel Capital在全球范围内向创新型科技公司进行资本投资，投资对象包括上市公司、处于快速成长期的公司和初创企业。投资领域非常广泛，包括软硬件研发类企业、生产型企业和技术服务公司，涉及家庭、企业、移动通信、医疗卫生、互联网设施和应用、半导体设计和生产、环保科技等领域。英特尔投资组合公司遍布全球。目前，英特尔在中国的投资集中在蜂窝移动通信、家用宽带应用和本地集成电路设计室等领域，对本地数字家庭和数字企业技术公司的投资也在逐渐增加。

Intel Capital投资的企业代表有：

中国本土公司创业投资(CVC)的现状

中国本土公司创业投资(CVC)活动基本与国外公司在中国开展CVC投资活动的时间同步。经过多年发展，本土公司创业投资已成为我国创业资本市场上的中坚力量。随着大公司，尤其是上市公司的实力不断增强，又有独立创业投资机构成功退出高额收益的诱惑，众多大公司开始涉足创业投资领域。国内也出现了很多优秀的公司创业投资机构，比如联想旗下的四大机构——乐基金、联想之星、君联资本和弘毅投资以及BAT旗下的战略投资部等。

2016年度中国十大CVC

机构名称	2016年投资	2015年投资	2014年投资	2013年及以前	投资总数
腾讯	84	110	70	72	336
阿里巴巴	32	58	42	38	170
京东	25	54	9	2	90
百度	17	30	17	28	92
小米科技	16	23	35	8	82
奇虎360	15	29	42	48	134
中国平安(平安创投)	15	35	31	25	106
星河互联	15	23	6	2	46
好未来	15	17	12	2	46
新浪微博(新浪)	13	23	27	40	103

TABLE——中国CVC第一阵营

"TABLE"代表中国互联网第一阵营的五大体系公司，分别是腾讯系（T）、阿里系（A）、百度系（B）、雷军系（L）以及周鸿祎系（E）。这些互联网巨头经济实力雄厚，为保证自己的行业优势，纷纷进军创业投资市场。这类企业一般围绕着互联网和移动互联网进行投资，以弥补产业链上的不足，获得外部的先进技术，增加自己的竞争筹码，寻找企业新的利润增长点。如腾讯成立了腾讯产业共赢基金，百度成立了百度投资部，阿里巴巴集团成立了阿里资本，小米科技的雷军成立了顺为资本，360在美国设立了奇虎360硅谷风投，这些互联网巨鳄进入创业投资市场，寻找威胁或帮助自己的企业，提高企业的创新能力。

案例：腾讯产业共赢基金

腾讯产业共赢基金成立于2011年，初始投资规模为50亿元，是腾讯公司设立的企业创业投资平台。它的主要使命是投资母公司产业链上的优质公司，更好地服务腾讯开放平台上的用户，主要关注网络游戏、社交网络、无线互联网、电子商务以及新媒体等领域。

腾讯的投资逻辑

连接器的扩展：腾讯立足微信和QQ两大产品，连接用户与内容。腾讯也希望利用这两大产品，拓展到不同领域的第三方服务商，通过支付完成交易闭环。

发展强项——游戏业务：从投资、收购国内游戏工作室转向投资美国、日韩游戏公司，尤其是手游公司。

腾讯的经典案例

京东

2014年3月，腾讯以2.14亿美元入股京东，并收购了超过3.5亿股京东普通股。随后，QQ网购、拍拍的电商和物流部门也随之并入京东。

Snapchat

2013年6月，腾讯参与了阅后即焚社交软件Snapchat B轮6000万美元融资。

搜狗

2013年9月，腾讯以4.48亿美元入股搜狗。搜搜和QQ输入法业务与搜狗现有业务进行合并，形成一家全新的搜狗公司。

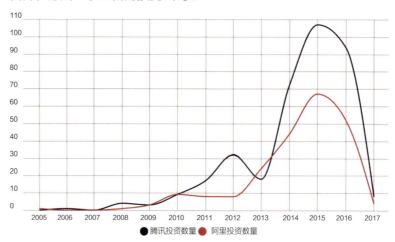

案例：小米生态链

2016年年底，雷军公开表示，小米智能硬件生态链全年收入预计将达到150亿元。迄今为止，小米共投资了77家智能硬件生态链公司，其中30家已发布产品，16家年收入过亿元，3家年收入过10亿元，4家成为估值超过10亿美元的独角兽。

小米的投资逻辑

"投资+孵化"模式打造小米生态链企业，其本质是一种"战略结盟"，而不是以回报为目的的投资。基于这个目的，小米一开始没有考虑过退出，这和基金有很大的不同。

不过随着旗下企业逐渐发展，外部资本随之进入，有时退出也会不可避免。这时候小米也会考虑退出，主要是因为小米理论上不会去干预被投公司未来在资本市场上的并购或上市。

小米生态链的六大投资方向：

1. 手机配件，比如手机的耳机、移动电源、蓝牙音箱。
2. 智能可穿戴设备，比如小米手环，未来还会推出小米智能手表。
3. 传统白电的智能化，比如净水器、净化器。
4. 优质的制造资源。
5. 极客酷玩类产品，比如平衡车，未来还将推出小米3D打印机。
6. 生活方式类，比如小米插线板。

基于产业的投资是中国CVC的典型做法

公司创业投资（CVC）活动具有明确的战略目的，一般与其母公司的产业和业务紧密相连。大企业越来越多地看到了与创业连接的价值，它们能够为公司创业投资机构提供足够的资金支持和技术支持，并且在创业投资活动中实现弥补公司内部创新能力不足、保持行业领先地位等战略目标。公司创业投资阶段所涉及的最典型的行业如下。

IT行业

IT行业是近年来发展比较迅速的行业，技术更新速度较快。大型的IT企业为获得最新技术，依靠公司创业投资方式来弥补内部创新能力的不足。这类企业主要围绕IT及其相关行业进行投资，包括硬件、软件、新材料、电信等行业。例如，Intel Capital及联想集团设立的弘毅资本、君联资本、联想之星和乐基金，覆盖天使、VC、PE全部创业投资市场。

家电行业

家电系的CVC主要围绕家电产业进行投资，其中主要对智能家居进行投资，将高科技与家电进行结合，引进先进技术，加快产品升级；另外，家电系的CVC也对销售渠道进行投资，打通产品与销售市场之间的通道。例如，青岛海尔设立了海尔创投，TCL集团设立了TCL创投。

汽车行业

汽车系的CVC主要围绕前景好的传统产业以及其他战略性新兴产业进行投资，主要包括汽车整车及核心零部件产业、与汽车相关的新能源、汽车内部的电子产品、新材料等。例如，北汽集团、大众中国等都已布局做投资。

医疗行业

医疗系的主要投资方向是医药器械、生物健康或医药等生物技术/医疗健康领域，如复兴集团旗下的复兴平耀、复星昆仲等。

教育行业

教育系主要投资教育产业，包括早幼教、K12教育、语言教育等，如新东方教育集团设立的新东方创投以及已经成为中国CVC前十名的好未来。

B2B行业

在工业品领域中，随着产业升级和产业互联网的兴起，出现了B2B产业中的创新热潮。该产业中的企业也开始通过CVC进行投资布局，如找钢网成立了胖猫创投。

案例：找钢网布局B2B领域

找钢网是中国最大的钢铁全产业链B2B平台，成立于2012年年初，是一家采用标准创投模式成立的公司。目前，找钢网正进行第五轮融资，计划于2018年上市。

胖猫创投是找钢网旗下的投资部门，成立于2015年，初始投资规模为1亿元。它的主要使命是凭借找钢网的优势资源+资金支持，帮助B2B创业团队抓住机遇，获得资金支持以及在市场开拓、交易培训、平台运营、产品技术系统化等方面的服务，助力创业团队成为成功的行业改革者。

找钢网的投资情况

胖猫创投自成立以来调查项目数百个，已成功投资27个案例，总投资金额约为9500万元。

胖猫创投投资行业多为B2B行业，27个案例中有19个"找"字辈的B2B平台。

从投资轮次来看，胖猫创投目前几乎只参与天使轮投资，投资金额为数百万元，大多数所投项目估值1000万元，持股20%左右。它一般不参与项目的再融资。

找钢网的投资逻辑

找钢网充分发挥自身优势，凭借着丰富的B2B行业经验，能够快速发现有潜力的项目。同时，它能够使母公司的资源得到充分利用，并与项目公司建立客户关系（或上下游合作关系）。

找钢网希望所投的创业团队，对整个行业的理解透彻，把握住从上游供应商到下游客户各个环节的盈利点，并且具备较强的技术和团队成员。

找钢网投资过的代表企业

中国CVC的运作特点

在中国开展公司创业投资活动的企业，无论投资主体是外资企业，还是中国企业，由于公司创业投资的运作目标类似，它们有着与传统创业投资活动不一样的投资目标，因此在资本运作过程中有不同的运作特点，主要特点包括：

投资具有明显的战略性
公司创业投资具有明确的战略目的，具有"双重双向的价值创造过程"。所谓"双重"价值指的是财务价值和战略价值；"双向"指的是既为公司投资者创造价值，也为创业企业创造价值。比如腾讯产业共赢基金在进行投资时，主要围绕着互联网和移动互联网进行投资，以弥补自己产业链上的不足；另外，腾讯产业共赢基金战略投资京东时，腾讯将自己旗下的B2C平台QQ网购和C2C平台拍拍网并入京东，以此对抗B2C领域"一支独大"的阿里巴巴。

专注于特定产业或领域
为实现特定的战略目标，企业的创业投资资本不会盲目投资，只会关注能够实现战略目标的投资，具有明确的投资偏好。比如西门子创投主要对能源、工业、医疗和基础设施与城市等行业进行投资；中国的BAT（百度、阿里巴巴、腾讯）主要围绕互联网和移动互联网进行投资。

与专业投资机构联合投资
从中国公司创业投资来看，主要以联合投资为主，通过与其他独立创业机构合投，大企业可以弥补自己在筛选项目和管理上的不足，尽快熟悉创业投资活动的资本运作过程，降低资本运营中的风险。比如，2015年8月，百度联合经纬中国和海纳亚洲投资荣昌e袋洗1亿美元，9月，百度联合红杉资本中国基金和H Capital投资蜜芽宝贝1.5亿美元。

近年来井喷式发展
2011~2016年是CVC投资创纪录的一段时间。
2011~2015年，对初创企业的投资数量增加185%，金额增加335%。在过去的几年里，全球将近20%的VC投资中包括CVC投资。

2016年，有107家新成立的CVC基金第一次进行了投资，同比增加20%。几乎75%的CVC投资发生在2016年下半年，主要是种子轮、A轮或B轮投资。

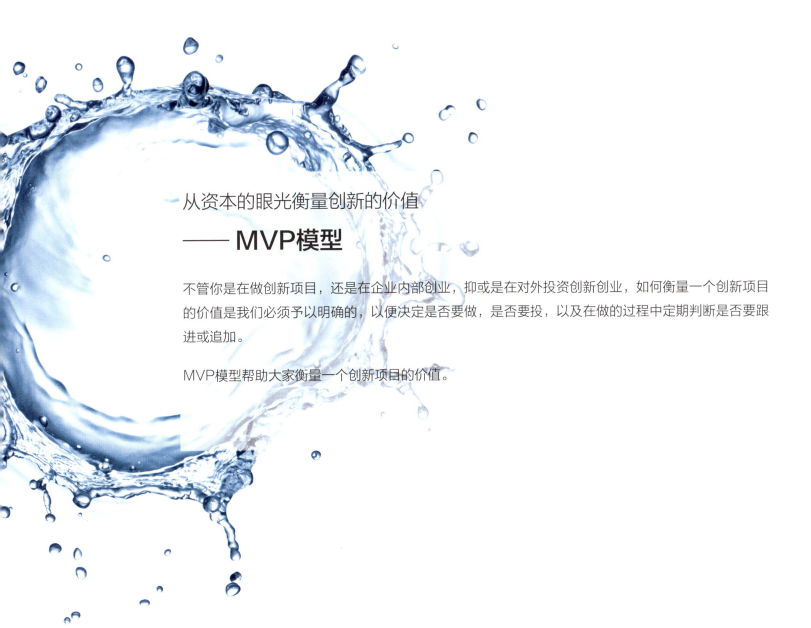

从资本的眼光衡量创新的价值
—— MVP模型

不管你是在做创新项目,还是在企业内部创业,抑或是在对外投资创新创业,如何衡量一个创新项目的价值是我们必须予以明确的,以便决定是否要做,是否要投,以及在做的过程中定期判断是否要跟进或追加。

MVP模型帮助大家衡量一个创新项目的价值。

MVP模型来判断项目是否值钱

创新项目的价值需要衡量

创新项目的筛选、进行过程中以及应用资本都需要价值衡量。这里有一套判定一家公司价值的MVP模型。这个模型对初创公司和团队的价值判断，简单而有效。我们希望这些创新项目能够像球场上最有价值的球员（Most Valuable Player，MVP）一样，成为商场上的MVP。

MVP模型

我们在判断项目时使用一个数学公式，其中M、V、P分别是共识中最重要的参数。

$y=f$（ [1]模式Model, [2] 价值Value, [3] 团队People ）

这个模式能否做大（Model，商业模式）
这个项目是否值钱（Value，资本属性）
为什么是这个团队（People，团队评估）

Model
商业模式

商业模式，即从商业角度看是不是一个在商业上有吸引力的项目。形象点来说，就是看这个生意能不能赚钱，未来是否可能赚大钱，如果短期不赚钱，那么长期是否能赚大钱。其中，我还细分了三个指标：天花板、好饭碗、护城河。

天花板，就是看这个行业的增长性会不会受限制，体量够不够大。

好饭碗，就是看产业和服务的稀缺性与营收转化能力；要分析它的利润率，或者未来现金流的轴线。

护城河，就是你的竞争壁垒，关乎你能否在竞争中胜出，别人是否很容易模仿。

01 天花板
商业市场的空间与潜力有多大？

02 好饭碗
商业模式是否健康？盈利能力如何？

03 护城河
竞争力如何？是否有竞争壁垒？

Model

商业模式：天花板

所谓天花板，就是看这个行业的增长性会不会受限制，体量够不够大，是否是一个大市场，是否有足够大的吸引力。判断天花板，可以从以下三个方面来衡量。

市场是否够大

首先，要判断创新项目所在市场的大小。市场大意味着天花板高，吸引力明显会更高，因为在大市场中，即使市场份额不大，可能也会发展成大规模的企业，但如果是小市场，即使是行业第一、第二可能也仅是很小的规模。

通过产业研究和行业调研，可以得出市场是否够大的结论。

产品是否有痛点

其次，原有的产品是否给我们留下较大的空间。用当今流行的话讲，就是痛点是否够痛，痛点够痛意味着需求很强烈，更容易形成客户使用欲望和支付欲望，成功的概率就会大很多。

通过本书第4章的内容，对客户功能价值、体验价值和价格满足度的调研，可以得出产品痛点的结论。

效率空间是否大

最后，创新项目所在产业的效率是否有较大的提升空间。只要产业价值链中有价值较低、效率低下、浪费较多的成分，就有通过创新大幅提升效率的空间。

通过本书第1章的内容，对产业价值链的解析，可以得出效率空间的结论。

Model

案例：共享经济的成与败

市场是否够大
产品是否有痛点
效率空间是否大

为什么共享出行会成功

共享经济在出行领域源自Uber，其模式进入中国也很成功：

- 市场够大？出行市场绝对是大市场，是普罗大众几乎每日都需要的服务。
- 产品痛点？出行市场原本是出租车的天下，但是出租车的痛点很多，打车难是各大城市共同的问题。
- 效率空间？在原本的出租车市场上，出租车公司与各司机之间缺乏信息化支撑，效率极其低下。

为什么共享民居不成功

在民居领域有Airbnb的成功，其模式进入中国却很不成功：

- 市场够大？旅行住宿绝对也是大市场。
- 产品痛点？旅行住宿领域原本是酒店业的天下。欧美酒店业有很多痛点，但中国酒店业非常发达，楼和房屋都很新，装修豪华大气，位置多布局广。所以，原有产品的痛点很小，创新空间不大。
- 效率空间？中国酒店业信息化程度较高，管理很规范，员工培训到位且成本不高。所以，效率空间也不大。

Model

商业模式：好饭碗

所谓好饭碗，就是看产业和服务的稀缺性与营收转化能力；要分析它的利润率，或者未来现金流的轴线。简单地说，就是看其能否挣钱。

盈利模式

比如，创新项目到底有没有利润？今天没有，明天有没有？谁来买单，谁是你的目标用户？他愿不愿意为你这件事情花大钱？他愿不愿意持续地花钱？盈亏平衡点怎么算？

增长方式

更重要的是怎么扩张？销售渠道是怎样的？能否有效触及目标客户？如果靠销售员扩张，你每增加一个销售员能增加多少销售额？是否存在指数型扩张的机会？

Model

创新项目盈利模式考察：产品价值的盈利

大多数企业所处的产业，都会贡献产品价值。对于这些产业中的创新项目，我们主要以如下的逻辑来看其盈利模式。

生产成本
这里主要是指产品生产过程中的直接供应链。每卖出一个产品，相当于有一个供应链成本产生。当然，随着订单量的增加，成本单价会下降。

获客费用
这里主要是指获客费用（渠道、销售）及推广费用（广告、流量）。

基础投入
它是为长期建设经营所做的底层支撑，如后台人力、研发投入、基础设施。

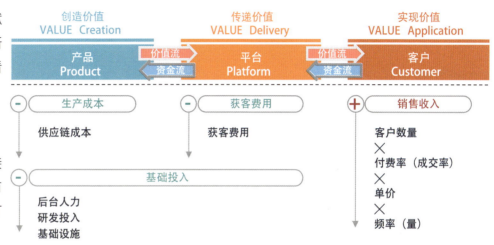

销售收入
客户数量是指目标客户的多少。
付费率（成交率）是指客户中有多少是付费的。
单价是指每笔交易金额，或单个产品价格（批量采购的情况）。
频率（量）是指客户购买频次和采购数量。

适合以下商业模式：

01.实体产品	08.卖供应链产品
02.虚拟产品	09.租供应链产品
03.出租产品	

Model

创新项目盈利模式考察：产品价值的盈利

这样的财务分解方式，不一定严格符合会计科目标准，但比较方便我们看早期创新项目的发展潜力。

销售收入健康度

销售收入健康度是首要的，因为其他部分可以暂时靠资本支持，但收入能力是创新项目要具有的。

客户数量是第一位的，客户数量大意味着市场大。付费率说明客户需求强度和公司竞争力。如果客户数量少，那么单价就需要很高，或者交易频率很高，才能撑起一个大的规模。所以，to B的项目往往不如to C的项目对资本有吸引力。因为to B项目的客户数要少得多，这就要求产品单价要高（如华为）或者订单采购量巨大（如富士通）。

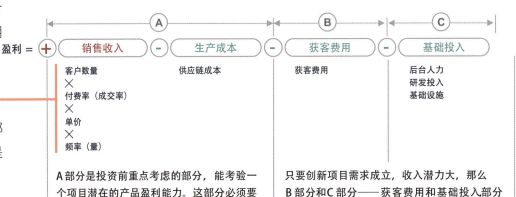

A部分是投资前重点考虑的部分，能考验一个项目潜在的产品盈利能力。这部分必须要靠项目自己的能力来提升。

只要创新项目需求成立，收入潜力大，那么B部分和C部分——获客费用和基础投入部分在项目早期可以借助资本来建设和加速。

A部分和B部分放在一起，是考验一个项目持续盈利能力的指标。这说明每次有代价地获得客户，能够持续盈利多少。尤其是对很多产品型企业而言，渠道是别人的，那么每次产品成交都会产生获客费用。

A部分、B部分与C部分放在一起，可以对最终盈利进行衡量，以及可以判断能否度过盈亏平衡点。如果C部分过大，而A部分、B部分又一直无法增长到超过C部分，那么这个项目就永远不能盈利。

Model

创新项目盈利模式考察：平台价值的盈利

平台型（渠道）的企业，都是上下游对接，传递价值。对于这类产业的创新项目，我们主要以如下的逻辑来看其盈利模式。

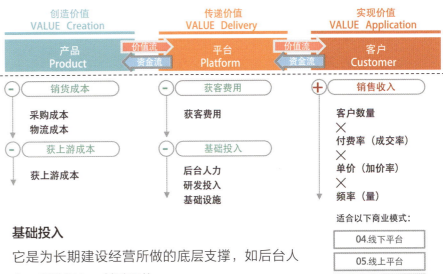

销货成本

这里是指每卖出一个产品，相当于有一个对应销量的成本产生，包括采购成本，即从上游采购产品的成本，也就是进货价。随着订单量增加，成本单价会下降。另外，还要考虑交付中所产生的物流成本等。

获上游成本

平台项目，尤其是电商平台，需要为平台获取上游商家或产品方。只有具备一定数量的产品供应，平台才能成立。这里主要是指获上游的成本（渠道、销售）及推广费用（广告、流量）。

获客费用

这里主要是指获下游客户的费用（渠道、销售）及推广费用（广告、流量）。

基础投入

它是为长期建设经营所做的底层支撑，如后台人力、研发投入、基础设施。

销售收入

客户数量是指目标客户的多少。
付费率（成交率）是指客户中有多少是付费的。
单价是指每笔交易金额，或单个产品价格（批量采购的情况），对于零售品来说等于成本×加价率。
频率（量）是指客户购买频次和采购数量。

Model

创新项目盈利模式考察：平台价值的盈利

数据价值的盈利能力

对于平台来说，获上游成本或下游客户费用，都是早期进行的大量投入，但随着上下游数量的增加，其边际成本越来越低，直至趋近于零。因为无论是上游供应方，还是下游需求方，一旦习惯于一个平台，可能会反复使用（黏性）。同时，大量已有的上下游会产生集群效应，吸引更多的上下游过来，而这些都不需要平台再花什么钱。因此，两者都是下面的函数：

$$f(^1留存率, {}^2引流成本, {}^3客户数)$$

因此，平台的盈利能力，关键在于其销售量和加价率，能否把获取上下游的投入和基础投入等其他成本给背回来。因此，做平台既要做用户数、交易量，又要做黏性，还要注意尽量减少基础投入的成本费用。

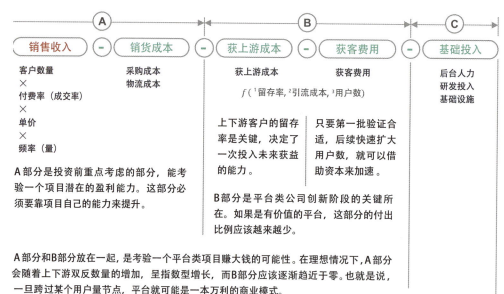

A 部分是投资前重点考虑的部分，能考验一个项目潜在的盈利能力。这部分必须要靠项目自己的能力来提升。

B 部分是平台类公司创新阶段的关键所在。如果是有价值的平台，这部分的付出比例应该越来越少。

A 部分和 B 部分放在一起，是考验一个平台类项目赚大钱的可能性。在理想情况下，A 部分会随着上下游双反数量的增加，呈指数型增长，而 B 部分应该逐渐趋近于零。也就是说，一旦跨过某个用户量节点，平台就可能是一本万利的商业模式。

A 部分、B 部分与 C 部分放在一起，可以对最终盈利进行衡量，以及可以判断能否度过盈亏平衡点。如果 C 部分过大，而 A 部分、B 部分又一直无法增长到超过 C，那么这个项目就永远不能盈利。

Model

创新项目盈利模式考察：数据价值的盈利

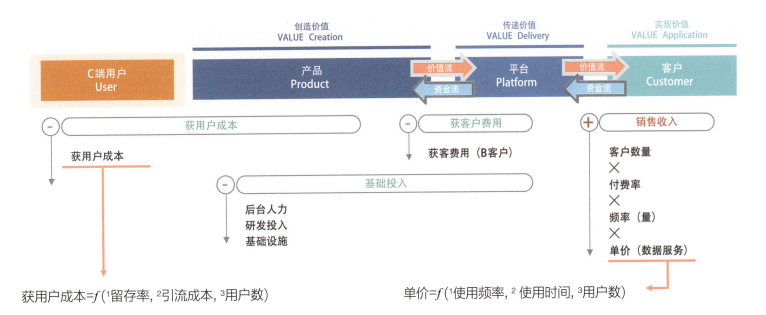

获用户成本=f(^{1}留存率, ^{2}引流成本, ^{3}用户数)

单价=f(^{1}使用频率, ^{2}使用时间, ^{3}用户数)

从成本角度看，每个用户都有获用户成本，无论从哪里引流，都需要花费成本。此外，留存率决定着最终用户成本，如果留存率高，那么同样的引流成本，就可以获取更多的有效用户，否则，就跟狗熊掰玉米一样，最终用户都流失了。

数据服务（比如广告费、推广费等）的定价能力，取决于C端用户数量、用户上线使用频率（活跃度）、每次使用停留时间。例如，微信用户量大、使用频率高、停留时间长，所以微信可以获得巨高的广告费收入。

Model

创新项目盈利模式考察：数据价值的盈利

数据价值的盈利能力

首先是用户数越大越好，若数量不够大，项目根本不值钱，也不能定价。但是用户数增加的话，获用户成本也会增加。

所以，对于数据价值类的创新项目，其潜在的盈利能力（考察重点），就在于单用户收入 – 单用户获客成本，其根本在于如何提高用户的活跃度和停留时长，同时必须追求高留存率。

从销售端看，客户数量、成交率和频率越多越好，这就要求用户尽量是客户需要的目标用户。

适合以下商业模式：
| 10.线上流量产品 |
| 11.线下流量产品 |

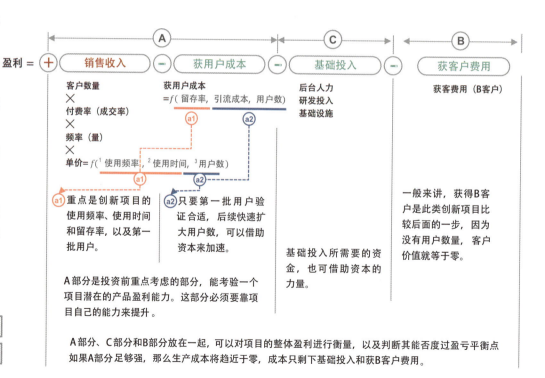

Model

商业模式：护城河

所谓护城河，就是你的竞争壁垒，即能否在竞争中胜出，别人是否很容易模仿。

今天我们可以看到在用户关系、渠道渗透、买卖关系、上游供应链、研发技术上都可以建设自己的护城河。所以，分析护城河建在哪里也非常重要，是否具备建设护城河所需的背后的技术力量也非常重要。

| 技　术 | 供应链 | 买卖关系 | 渠道渗透 | 用户关系 |

Model

在产业链的不同地方，都可以建护城河

创造价值 VALUE Creation	传递价值 VALUE Delivery	实现价值 VALUE Application
产品 Product	平台 Platform	客户 Customer

价值流 → ← 资金流

技术
科技是最佳的竞争壁垒，尤其是获得专利技术，能够有效避免同质化竞争和模仿。这方面做得最好的有高通和华为。

供应链
对供应链的掌控能力和深度，可以帮助企业掌握效率和成本优势，在性价比方面构建起很深的护城河，如小米、名创优品。

买卖关系
平台型企业，如果有较大数量的买方和卖方，对后来者来说就有巨大的壁垒。平台只有买卖双方都有一定规模才能成立。

渠道渗透
掌握销售渠道的渗透能力，就能掌控对客户的接触度，从而形成下游的竞争壁垒。例如，美团有强大的地推团队，京东自己有强大的在线渠道和物流配送。

用户关系
用户关系的代表是微信，每个人的社会关系都体现在微信中了。如果别人推出了一个通信软件，用户自己可以登录，可他的朋友无法登录，也无法对微信构成威胁。

MVP 价值要素/Value

Value

估值：一个项目、一家公司值多少钱

每个商业项目或企业都有一个估值，也就是值多少钱。当这家公司需要做资产、股权转让交易时，估值就决定了交易价格。同时，估值也是一个创新项目到底有多少价值的一个量化的、金钱化的展现。

企业估值的方法有很多种，而且没有一种统一的说法，主要有以下几种方式。

净资产，对应指标P/B

$$P/B(市净率) = 每股股价 / 每股净资产$$
$$= 市值 / 净资产$$

公司的资产数量，乘以一定的倍数，得出估值。这种估值的主要应用，更多是针对一些重资产的企业，比如地产公司、制造业等。此外，如果一家公司经营不善面临破产、清算等，多是从资产多少来衡量价值。

盈利，对应指标P/E

$$P/E（市盈率）= 每股股价/每股净利润$$
$$= 市值/净利润$$

市盈率是反映市场对公司收益预期的相对指标。使用市盈率指标要从两个相对角度出发：一是该公司的预期市盈率（或动态市盈率）和历史市盈率（或静态市盈率）的相对变化；二是该公司市盈率和行业平均市盈率相比的情况。市盈率可以被理解为，这家公司能够以这样的盈利再挣多少年的钱。

用户价值/市场前景，对应指标P/S

$$P/S（市销率）= 每股股价/每股年销售额$$
$$= 市值/年销售$$

市盈率应用虽广，但在创新项目上应用比较少，因为创新创业早期的项目往往没有盈利。如果按市盈率分析，项目就不值钱，但实际上很多项目非常有价值。这时候，可能用到市销率。P/S估值法的优点是销售收入最稳定，波动性小，并且营业收入不受公司折旧、存货、非经常性收支的影响，不像利润那样易操控；收入不会出现负值，不会出现没有意义的情况，即使净利润为负也可使用。所以，市销率估值法可以和市盈率估值法形成良好的补充。

未来价值与心理因素

对于创新创业项目，其实还没有绝对科学合理的估值方式。这是因为这些项目在早期无法用任何财务数字准确估计未来发展情况，同时这些财务数字都是过去的。所以，资本市场对于这些项目，往往看重的是未来价值。这里面常带有心理因素，比如很多项目的估值就是参照另一个类似项目得出的。

Value

案例：相同的营收，差异10倍的估值

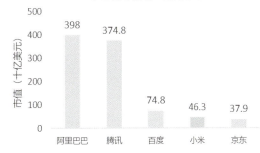

对于一家企业的估值，就是看企业值钱不值钱。在资本市场上，一个项目自身能赚钱和值钱是两回事。

这张图是2014年的一张市值图。我们可以思考一下：两年前小米和HTC都是做手机的，且当年销售额相差并不大，都是400亿元左右，为什么前者估值是450亿美元，后者是40亿美元，差了将近12倍？这是因为在投资人眼里，小米讲的商业模式更有价值。雷军讲过，刘德也讲过：小米的目标是17~35岁的理工男，小米有1.7亿名这样的目标用户。今天他们是理工男，再过10年他们就是1.7亿个家庭。小米卖的不是手机，卖的是智能硬件和数据，所以小米的第一个产品是手机，这是因为它是目前最大的智能电子产品。小米接下来还会卖电视、路由器，这是小米的三大旗舰产品。接下来还会有上百个智能电子硬件，小米投资部门会全覆盖。

所以，小米会垄断几乎所有的智能硬件来收集数据，而这个人群在接下来的10年有最快的成长潜力，小米值2700亿元。这是他用一分钟讲明白的商业逻辑。

HTC当时没讲明白，让人认为它就是卖手机的，不停地生产，不停地卖，在投资人眼里好像两者的价值差距就拉开了。但HTC也开始进行调整，这两年在VR、AR领域做得风生水起。

Value

今天投资者眼中的互联网公司估值公式

对于互联网性质的公司，可以用这个公式作为估值参考。

$$V = K \cdot P \cdot \frac{N^2}{R^2}$$

V：互联网企业的价值

创新项目或公司的估值，可以用等式右边的几项因子的乘除关系得出。

N：网络的用户数

用户数越多，项目价值越高，这是很自然的。需要注意的是，用户数对估值的提升，是呈指数型增加的。这是因为随着用户规模的增加，互联网连接会产生"社交关系""广告效应"等放大效应。同时，还会产生对同行业的排他性壁垒。

R：网络节点之间的距离

用户与用户之间的距离越短，估值越高。比如，微信的用户之间是直接的熟人关系，用户与用户之间会频繁互动，这样的平台就会放大其价值。而比如工具型软件（天气预报等），用户与用户之间完全没有互动，相对价值就会低。

P：溢价率系数（取决于行业地位）

行业排名越高，P越高，估值也就越高。互联网领域是第一名、第二名的天下，行业前5名之后的企业就很难生存了。所以，在行业中的排名是不是靠前，是估值要看的因素。

K：变现因子

互联网项目变现的能力强不强，变现能力强，价值就大。在互联网行业中很多项目的通病就是变现难，而随着互联网从前沿技术变成成熟市场，资本对变现能力的要求越来越高。

06 资本：助推创新的力量

MVP 人和团队/People

人才 开创型人才，所需要的

创新的特质

- Q Questioning 质疑
- A Associating 联想
- O Observing 观察
- E Experimenting 试验
- N Networking 人脉

创新者的DNA

+

成事的特质

- **企业家精神**：有抱负，为自己的事业拼搏，方能把困难的事情坚持下去。
- **专业/经验**：业务所需要的行业经验、专业知识与能力。
- **商业能力**：有较好的商业敏感度、较好的财务意识和商务能力。

=

开创型人才

创新与成事，两者的结合才是做创新事业的核心人才。当然，人无完人，也可以是团队的整体素质。

People
人和团队

不断挑战自己

有时候赛道对，事也对，但人不对，这件事就肯定做不成，只有人对了，事才能成。为什么"百团大战""千团大战"最后只剩了美团？为什么就王兴杀出来了？这绝对不是一个简单的幸运的原因。我们去看看王兴为他的高管推荐的思考问题，就知道他在思考什么了。这样的战略思考打出来的战场一定是千亿美元的公司，而不是我们每天看到的简单的送饭。王兴常会问自己和团队：谁会干掉美团？别人说是饿了么，但美团人自己思考的不是，他们觉得潜在的威胁是滴滴。因为美团最大的痛点是在峰值时刻的送饭能力，而不是平均时刻，因为一天吃饭就那三个时间点，早饭送餐的概率又低，因此就两个时间点。美团有六万人，但是恰恰在峰值上

六万人是不够的，在那两个峰值时刻能够大规模调动人永远流动的公司就是潜在赢家，谁能做到这一点？很可能就是滴滴。

MVP模型判断项目的总结

M: Model,商业模式　　V: Valuation,估值　　P: People,人和团队

1) 有没有天花板　　　4) 净资产　　　　　　7) 领头人
2) 是不是个好饭碗　　5) 盈利　　　　　　　8) 核心团队
3) 建没建护城河　　　6) 未来价值　　　　　9) 公司文化/价值观

商业模式的力量

书号	书名	定价	作者
978-7-111-54989-5	商业模式新生代（经典重译版）	89.00	（瑞士）亚历山大·奥斯特瓦德 （比利时）伊夫·皮尼厄
978-7-111-38675-9	商业模式新生代（个人篇）：一张画布重塑你的职业生涯	89.00	（美）蒂姆·克拉克 （瑞士）亚历山大·奥斯特瓦德 （比利时）伊夫·皮尼厄
978-7-111-38128-0	商业模式的经济解释：深度解构商业模式密码	36.00	魏炜 朱武祥 林桂平
978-7-111-57064-6	超越战略：商业模式视角下的竞争优势构建	99.00	魏炜 朱武祥
978-7-111-53240-8	知识管理如何改变商业模式	40.00	（美）卡拉·欧戴尔　辛迪·休伯特
978-7-111-46569-0	透析盈利模式：魏朱商业模式理论延伸	49.00	林桂平 魏炜 朱武祥
978-7-111-47929-1	叠加体验：用互联网思维设计商业模式	39.00	穆胜
978-7-111-57840-6	工业4.0商业模式创新：重塑德国制造的领先优势	39.00	（德）蒂莫西·考夫曼
978-7-111-55613-8	如何测试商业模式	45.00	（美）约翰·马林斯
978-7-111-30892-8	重构商业模式	36.00	魏炜 朱武祥
978-7-111-25445-4	发现商业模式	38.00	魏炜

创业者手册

书号	书名	定价	作者
978-7-111-40530-6	创业者手册：教你如何构建伟大的企业	89.00	（美）史蒂夫·布兰克　鲍勃·多夫
978-7-111-48369-4	我是这样拿到风投的：和创业大师学写商业计划书（原书第2版）	39.00	（美）安德鲁·查克阿拉基斯　史蒂芬·史宾纳利　杰弗里·蒂蒙斯
978-7-111-57234-3	内创业革命	49.00	葡雷 吴家喜
978-7-111-57613-6	有序创业24步法：创新型创业成功的方法论	79.00	（美）比尔·奥莱特
978-7-111-53706-9	新内容创业：我这样打造爆款IP	39.00	南立新 曲琳
978-7-111-51100-7	硅谷生态圈：创新的雨林法则	45.00	（美）维克多 W. 黄　格雷格·霍洛维茨
978-7-111-55037-2	设计思维玩转创业	49.00	杜绍基
978-7-111-58697-5	如何成为下一个Facebook：从Idea到IPO，认清创业中的机会与陷阱	59.00	（美）汤姆·陶利
978-7-111-55613-8	如何测试商业模式:创业者与管理者在启动精益创业前应该做什么	45.00	（美）约翰·马林斯
978-7-111-57888-8	创业财税口袋书	35.00	孟峰
978-7-111-47422-7	教训：互联网创业必须避免的八大误区	39.00	腾讯科技频道
978-7-111-55231-4	创业园：创业生态系统构建指南	40.00	（美）布拉德·菲尔德
978-7-111-52689-6	创业成功范式：硅谷创业教父的忠告	69.00	（美）史蒂夫·布兰克